逆境に負けない

# 学校DX物語

魚住 惇
Jun Uozumi

逆境に負けない

# 学校DX物語

## まえがき

この本を手に取ってくださり、ありがとうございます。２０２０年5月に『教師の iPad 仕事術』を出版してからというもの、多くの反響をいただくようになりました。学校での iPad 活用についての関心の高さがうかがえました。同時に、Twitter やブログを通して、おすすめのアプリなどの情報を発信している方たちを知るきっかけにもなりました。

またこの頃は、新型コロナウイルスの感染が広まり、3月には全国の学校が臨時で休校になったりと、世の中がコロナ禍に突入した時期でもありました。『教師の iPad 仕事術』に書いた内容は、コロナ禍以前の活用法についてまとめたもので、当然 GIGA スクール構想を意識したものでもなければ、一人一台タブレット端末について書いたものでもありませんでした。

ただ単に、教員側が恩恵を受けられるだけのものでした。

それでも、端的なテクニックを集めたものにせず、iPad を使う際の指針になる内容にしたので、発売から年月が経っても色褪せない一冊に仕上がりました。

あれから3年が経ちました。世の中はコロナ禍に突入し、GIGA スクール構想も前倒しされて、子どもたちを取り巻く環境が大きく変化しました。

感染が拡大しても学びを止めない。全国の多くの先生方がそう考えて、子どもたちのために新たな取り組みにチャレンジする。そんな事例が多く取り上げられる日が続きました。ニュースをチェックしていると、２０２０年は毎日のように学校でのＩＣＴの活用事例が報告されていました。

しかし、僕が勤務している高校は、これまで特にＩＣＴの活用に力を入れてこなかった県立高校です。しかも先生方が抱いているスマホへのイメージがかなり悪く、スマホやネットの利用時間を少しでも減らして勉強させようという考え方が根強く残っていました。

なんとかして、先生方の意識を変えたい。変えていかないと、Society5.0やGIGAスクール構想に乗り遅れてしまい、新しい時代の考え方についていけない子どもたちばかりを育ててしまう。僕は内心焦っていました。自分だってやってみたいことはたくさんあるし、環境さえ整えばもっといろんなことができるに違いない。そう思いながらモヤモヤしていました。

小学校ではすでにプログラミング教育が始まっていました。このままでは新しいことにチャレンジする学校と、そうでない学校との間で、教育格差が生じてしまう。自分という情報の教員がいながら、ＩＣＴ教育の格差を広げることに加担することになってしまう。そんなことには、絶対にしたくない。そう思って、一人で行動を始めました。

今、改めて当時を振り返ると、この独断行動が原因で、「ＩＣＴはよくわからないし、スマホは悪いものに決まってるんだから、活用なんてもってのほかだ！」という雰囲気を学校全体に広めることになってしまいました。僕がどんな行動をしたのか、その結果、どんな目に合うことになったのかは、序章にまとめました。

その後、わが県教育委員会もGIGAスクール構想の実現に向けて動き出し、スタディサプリやロイロノート・スクール、Microsoft TeamsやGoogle for Educationなどのサービスが各県立高校で利用できるよう整備されました。しかしこれも、使えるものはなんでも活用してＩＣＴを積極的に使っていこうとする学校と、活用に前向きではない学校とで、利用頻度に差が開いていきました。僕の勤務校は後者でした。

「学校ＤＸ」は、働き方改革とセットで話題になっているキーワードです。本書では、ＩＣＴの活用に対してかなり後ろ向きな学校（つまり、僕の勤務校）で、どうやってＤＸを進めていったのかをまとめました。２０２３年3月現在、次の項目が達成できています。

・遅刻欠席早退連絡でＷｅｂのフォームを利用
・職員会議資料のペーパーレス化
・Microsoft Teams の導入

もしこの項目を見て、「なんだ大したことないな。これくらいのこと、うちの学校でもとっくにやってる。この本には目新しい情報は何もないな」と思う方は、本書を読み物の一つとしてお楽しみください。「へ～、世の中には、ここまでＩＣＴに対して否定的な考え方の学校があるものなのか」と知ることになり、なぜそこまで否定的になってしまうのか、教育界に根付く大きな懐古主義の原因に迫ることができます。これについては、第5章で詳しく書きました。

本書を最もお読みいただきたいのは、新しい取り組みについて後ろ向きな学校で奮闘している方々です。

「欠席連絡はフォームがおすすめ！」みたいな情報はネットにいくらでも転がっています。でも実際は、そんな簡単な話ではありません。設定がいくら簡単でも、実際に運用するとなると、管理職の先生方をはじめ、「これまでずっと電話でやってきたんだから、このままで良いじゃないか！」という考え方の先生方にご理解いただかなければなりません。ＤＸを進めるにあたって、様々な本を読み漁りましたが、どの本にも「管理職の先生の理解が必要です」「周囲の方との協力が不可欠です」としか書かれておらず、どうしたらそこを突破できるのかについては書かれていませんでした。

本書では、フォームの項目をどうするのかとか、GoogleなのかMicrosoftなのかとか、そんなことではなく、どうしたらそのシステムを導入できたのかに焦点をあてて文章にしました。

僕の勤務校では、ＤＸを進め始めてから実際に変わり始めるまでに、1年ほどかかりました。ＤＸやＩＣＴの活用を推進する立場として学校で働いている僕としては、進んでいる学校の話を聞くと、本当に羨ましいなと思いました。でも同僚の先生にそのことを話しても、「便利そうだね」とか「最先端だね」といったコメントが出てくるものの、「じゃあうちの学校でもやろう！」とはなりませんでした。いつかは業務のほとんどがＩＣＴ化されるだろうねと思っていながら、だれも自分から進んでやろうとはしませんでした。

文科省はというと、MEXCBTというオンライン学習サイトを立ち上げ、教育に新しい学びの形を提案しようと試行錯誤していたり、YoutubeにGIGAスクールchが開設されて、GIGAスクール構想の実現に向けて必要な端末や回線の整備について説明していました。毎日のように更新されていく情報を見て、これからの学校教育は本当に大きく変わっていくんだなということが伝わってきました。

これらの情報の多くが文科省のサイトで公開され、だれもが見られるようになっています。特にGIGAスクール構想に関する内容は、毎日のように新しい情報が発信されてきました。情報が紙の運搬よりも速く、ネットを介して届く。ネットがなかった頃と比べると、確かに多くのことが便利になったと感じます。


しかし、学校現場においては良いことばかりではありませんでした。

文科省が情報発信した情報をいち早く取り入れることで、デジタルデバイド（情報格差）が顕著に現れるようになったのです。

ＩＣＴの活用やGIGAスクール構想に関する情報は、それらに関心がある先生の元へ毎日のように届きました。一方で、管理職の先生がＩＣＴに興味がなく不慣れな方の場合、その先生の元には最新情報はすぐには届きません。情報というのは、それを必要とせず、自分には関係がないと思っている人にはなかなか届かないからです。

積極的に情報発信している文科省、ＩＣＴに興味関心が薄く自分ごととして捉えない管理職の先生、日頃から情報収集を欠かさない末端の教員。この3つを、情報量を軸に並べてみると、末端の教員と管理職の先生で、立場が逆転してしまいます。

これが非常によろしくありません。特に、立場や地位を重んじる管理職の場合、ただの一教員が、自分よりも先に文科省が発信した情報を知っている。それだけで気に食わないと思うわけです。

――自分の立場がわかっているのか？　立場を飛び越えるなよ。だれもお前の意見なんて聞いてないからな。
早く情報を知ることが、まるで罪深いことのように見られてしまうのです。

2020年度の僕が働く職場は、まさにそんな雰囲気でした。もしかしたら、多くの学校でもそうだったのかもしれません。校内のICT担当者は、常に板挟みの状態です。

これまでやってきたことを続けることが〝正義〟だと思っている方にとって、新しい考え方を示す側の人は、〝平和を乱す悪者〟でしかありません。これまでの自分の世界を守ることが良いことだと信じ、自分が教育を止めているなどとは微塵も思わないのです。

そんな先生方に囲まれる中、本書では、起承転結を繰り返しながら、DXをやっと一歩進めることができた。そんなエピソードを一冊にまとめました。正直、原稿を書いていて、振り返れば振り返るほど、そのときにいわれた言葉を思い出して、何度も心をエグられた気持ちになりました。

それでも、この一冊を多くの方に手に取っていただくことで、少しでも学校でDXが進むことを願っています。

# 「学校ＤＸ物語」目次

# 序章
# 魚住はこうして嫌われた

## 学校での評価がどん底になった話

まえがきで書いたように、僕はGIGAスクール構想やICTを活用した対応が、勤務校で想像以上に遅れていることに、ずっと焦りを感じていました。「仕事術の本を出版し、ウェブや雑誌からの取材を受け、イベントにも登壇するようになった僕が勤務しているのに！」と、モヤモヤした毎日を過ごしていました。

しかし、冷静になって振り返れば、学校内での自分への評価がどん底まで下がってしまう行動をとってしまっていたなと、反省する点がいくつもあります。勤務校でICTの活用がここまで遅れてしまった原因の一つとして、魚住への反発があったのではないかと今では考えています。

では、何をしたらここまで評価が下がってしまったのかを、恥を偲んでお話ししたいと思います。

### 2019年「新聞スクラップ事案」

2019年、僕は1年生の担任をしていました。ちょうど『教師のiPad仕事術』の原稿を書いていた頃です。勤務校に赴任して2年目ということもあり、生徒の学力層もある程度把握し、自分が取り組んでみたいことにチャレンジしてみようと思っていました。ズバリ、「スマホで勉強」です。

iPhoneが発売されてからというもの、僕はスマホやタブレットをどうしたら勉強や仕事に活用することができるのかということに興味を持ち続けてきました。このことがEvernoteの活用やタスク管理という手法について探求していくことに繋がり、『教師の iPad 仕事術』の出版が実現しました。僕はここまで調べたり実践したりしてきたことを、早く生徒に還元したいと考えていました。高校生も大人と同じスマホを使っているのだから、動画やゲームばかりではなく、勉強にだってスマホを活用できるはずだと思ったのです。そして、勉強にスマホが使えるということを彼ら彼女らが知れば、スマホを便利な道具として、学習に役立ててくれるのではないかと考えていました。

そこで、最初に実践したのは、宿題のペーパーレス化でした。勤務校は総合学科なので、1年生で「産業社会と人間」という科目を履修します。高校を卒業し、社会に参画していく上で必要な考え方や、将来の目標などの探し方についての理解を深めるための科目です。その科目のゴールデンウィーク課題として、新聞記事をノートに貼り、感想を数行程度書くという課題を生徒に出すことが、学年の会議で決まりました。

僕はこの「新聞記事をスクラップする宿題」というものに、「時代遅れ」と「非効率」を感じました。1969年に出版された『知的生産の技術』（梅棹忠夫著・岩波新書）にさえ、「新聞記事を溜めていくスクラップブックは長続きしない」と書かれているのです。ほぼ全員の生徒がデジタルデバイスを所持し、いつでもどこでもネット記事を見られるこの時代に、どうして新聞記事にこだわるのか、正直なところ理解ができませんでした。それにネットニュースが無料で読めるこの時代、新聞を購読していないご家庭も少なくありません。教員の中には「家庭で破棄する新聞を学校に寄付してもらったらどうか」という意見をもつ先生もいましたが、僕にはニュース記事が「紙」である必要性が分かりませんでした。

そこで僕は、ノートに新聞記事を貼り、感想を書くのではなくて、ネットのニュース記事のUR

Lと感想文を最初からデジタルで提出させることを思いつきました。この方法なら、生徒はスマホ一つで課題に取り組むことができます。

そもそもこの課題は、「最近の生徒は、世間を知らん！　もっとニュースを読ませなければ！」という意見が出たことがきっかけでした。僕は「確かに、生徒は一般的なニュースについては無知なところも多いが、ＳＮＳのタイムラインやニュースアプリを通して、何かしらの情報は得ているだろう」と考えていました。従って、「新聞記事の切り抜きではなく、ネットに掲載されているニュース記事のＵＲＬを提出させることでもその目的は果たせる」と思ったのです。更に、今の高校生は、スマホでの文字入力に慣れています。手書きで書くよりもスマホの画面に入力させたほうが、より良い文章を書いてくれるのではないかとも考えました。

そして何より、課題を回収してチェックする際に、紙のノートよりもデータのほうが、提出や返却の手間が省けて、圧倒的に管理しやすくなるとも思ったのです。

この環境を整えるために僕は、専用のＷｅｂサーバを用意しました。ドメインはブログ用に取得していたので、そこからサブドメインを作り、割り当てました。そのＷｅｂサーバにオープンソースＬＭＳの代表格であるMoodleをインストールし、「KyowaOnline」というサイトを立ち上げました。例えるなら、GoogleClassroomのようなサイトを個人で用意したということです。そこで生徒のアカウントを発行し、そのサイト内に課題を提出するように指示しました。

結果的に、生徒からは大変好評でした。自宅のソファでゴロゴロしながらネットニュースを見ていたあの行動がそのまま宿題に直結し、文章もスマホから入力できるので、「いつでもどこでも宿題ができる！」と感動の声が湧きあがりました。ある生徒は、「自分がどの課題を出したのかの確認にもなる」と話してくれました。

しかし、このことが元凶になりました。他のクラスで新聞のスクラップの課題を出している中で、僕は自分が担任しているクラスにだけ、この手法で提出するようにと指示しました。これが「魚住先生は自分だけが楽をしようとして、勝手に仕事の方法を変えている不届き者だ」と思われる要因を作ってしまったのです。

僕は仕事に対して、「目的と手段を履き違えないように」と常に考えて行動してきました。今回生徒に課す課題の目的は、「生徒にもっとニュースに興味を持たせて自分なりの意見を考えさせること」でした。ニュース記事を読んで思ったことを書くという課題そのものは、僕自身も大賛成です。ですが、同じ目的を達成するためならば、どんな手段でもよいのではないかというのが持論です。

しかしその結果、他クラスの生徒から「どうして魚住先生のクラスはスマホで課題ができて、僕らのクラスでは紙でやらなくちゃいけないんだ」という声が次々と出てきて、学年の先生方はその対応に追われてしまったのです。僕が自分のクラスだけ別の手段を使ったことで、結果的に学年の先生方に迷惑をかけてしまう事態になりました。

## 僕が独断専行に走ったわけ

ここまでの話を読んで、「それなら学年の会議で、オンラインを使った課題の提出をさせたらどうか」と意見を述べてみたらどうかと思われる方もいらっしゃると思います。僕も最初はそれを考えました。筋を通すのなら、学年の会議の場で発言をし、認められた上で行動に移す必要があったことは百も承知でした。しかし、当時所属していた学年団は、「スマホの時間を少しでも減らして宿題を」というスローガンを掲げていました。ベテランの先生にとって、スマホは勉強に対して邪魔者でしかなく、「スマホを勉強に活用する」という考え方そのものがあり得なかったのです。ICTを活用することを提案しても、必ず何かしらの理由をつけては否定され続け、僕の発案が通らないことを悟ってしまったのです。その結果、独断専行に走ってしまいました。

「これはもうゲリラ的にやってみるしかない」と思ったのです。スマホを使って課題に取り組ませることが、先生にとっても生徒にとっても便利だということを証明すれば、学年の先生方も納得してくれるだろうと当時の僕は考えました（実際、新聞記事の課題で生徒が書いてきた感想や意見は、手書きよりもかなり長文を書く生徒が多く見られました。長文を書くなら、手書きよりもデジタルのほうが便利だということを、すでに生徒は見抜いていたのです）。

ところが、前述のように同じ学年の先生からは全く評価されませんでした。むしろ、団体行動を乱し足並みを揃えなかったこと、身勝手な行動をとったことのほうが目立ってしまい、「学年の仕事に対して文句しかいわず、いわれたこともやってくれない人間」として見られることになりました。

こうして２０１９年が終わり、同じ学年の先生方からの信頼が地に落ち、３学期を迎えた頃に、世間では新型コロナウイルスの感染拡大が広がりつつありました。

## 現実とのギャップに驚く

２０２０年3月、緊急事態宣言による臨時休校が急遽決定し、生徒が登校しなくなる学校生活が始まりました。もはや校内でＩＣＴ活用は「魚住が勝手に進める罪深いもの」の代名詞として見られ、休校中の課題のやり取りはすべて、プリントの受け渡し。2週間に一度「学年登校日」を設け、プリントの回収と配布を行いました。やりきれなくなり、一部の学校がやっていたように、学校のウェブサイトに課題の一覧を公開することを管理職の先生に進言しましたが、コロナ禍であっても僕の案が採用されることはありませんでした。

学校にとってＩＣＴを活用することは、魚住が活躍してしまうことであり、身勝手な行動を肯定してしまうことでもあったのです。

そんな２０２０年の5月、僕の初めての著書、『教師の iPad 仕事術』が発売しました。Twitter では多くの方にフォローしていただき、教育にＩＣＴを活用することへの関心の高さがうかがえました。教師の本音が渦巻く Twitter と、現実の職場とのギャップに驚くばかりでした。そこでは少なくとも僕は著者として見られ、評価されていることに対して、職場では本を出版しようがＩＣＴを活用しようが厄介者として扱われました。

## ２０２０年コロナ休校後の良い兆し

２０２０年5月には分散登校が始まり、少しずつですが、対面授業を行う時間が戻ってきました。

この頃、県教育委員会よりＩＣＴ活用関連の通知文書が頻繁に学校に届きました。ロイロノート・スクールやスタディサプリ、Google for Education の導入に関するものや、生徒が自身の端末を校内で活用するＢＹＯＤ回線や Wi-Fi のアクセスポイントの整備に関する内容でした。

スタディサプリは前任校で詳しく説明を受けたことがあり、Google については普段の生活で使っていたので、ある程度のイメージは掴んでいました。ロイロノート・スクールについては、当時全く聞いたことがなかったので、ロイロノート社が実施しているオンラインの基本操作セミナーに参加することにしました。情報をカードで扱い、並べながら内容を深め、オンラインで課題を提出する基本機能の説明を聞き、雷に打たれたような気分になりました。すでにＩＣＴを当たり前に活用している学校は、もうこんなに手軽で便利なサービスが導入されているのかと、衝撃を受けたのです。

僕は勤務校でもＩＣＴを授業で活用するためのサービスを利用できるように、全校生徒のアカウントと教員用のアカウントを分掌主任の先生と共同で作成しました。いつか活用しようと話が進んだときに、いつでも始められるようにしておいたほうが、活用してもらえるハードルが低くなると思ったのです。

それから、一部の先生方が限定的に活用してくれるようになりました。生徒からも好評でした。その子たちにとって、日常生活で娯楽とＳＮＳの道具でしかなかったスマホで、宿題ができるようになったのです。実際効率が良いかどうかというよりも、スマホで宿題を行うことそのものに、生徒らはワクワクしている様子でした。

その頃の勤務校では、生徒のスマホをクラスごとに回収し、専用のジュラルミンケースに入れて、職員室で保管していました。1台10万円ほどするスマホを全校生徒から回収し、職員室で保管するという習慣は、明らかに越権行為であるといわれており、今の時代からするととても考えられないものでした。実際、他の生徒のスマホに取り付けられたケースやバンカーリングなどが液晶画面に接触することで、保護ガラスが割れてしまうなどの苦情が相次いでいました。

宿題だけではなく授業中にスマホを活用することで、ロイロノートなどのサービスが使えたり、コンピュータ室を利用しなくても調べ学習ができるというメリットが一般的にも浸透し、この頃から授業中にスマホを活用したいと考える先生が出てきました。

## 管理職からの叱責

一部の先生方がロイロノートを活用し始めた頃、不可解なことが起きました。その年にコンピュータ室のパソコン更新作業があり、一部のクラスの情報の授業でコンピュータ室が使えない期間がありました。その頃、僕は既にロイロノートを授業に活用していたので、スマホでの代用が可能でした。キーボードを使ったタイピング練習こそできないものの、授業中にロイロノートが使えるのなら支障がないと考えました。

しかし、パソコン更新作業の日程と授業が重なってしまっていることを管理職の先生に伝えても、僕の授業で生徒にスマホを使わせることに対して、管理職がＯＫを出すことは決してありませんでした。「一部の授業でスマホの使用を認めてしまうと、一気に崩れてしまうから」というのが管理職からいわれた理由でした。しかしすでに一部の先生は、管理職の許可を得た上でスマホを授業中に活用した授業を行っていました。どうしてもそこを確認したかったので、「A先生はすでにスマホを授業中に活用しているのに、どうして僕ではダメなんでしょうか」と伺ってみたところ、「A先生の授業は少人数学級であり、指導が行き届いているから」という返答でした。それに対して「情報の授業は指導を行き届かせるためにTT（チーム・ティーチング）の先生と二人体制で授業を行っていますが、それでもダメなんでしょうか」と聞いてみましたが、OKが出ることはありませんでした。

不可解なことはまだ続きます。『教師の iPad 仕事術』を出版したことで、雑誌の取材を受けることがあり、取材元からは「特に魚住先生がどのように iPad を活用して授業をされているのかを取材したい」という要望がありました。これを管理職に相談すると、「勤務時間内に取材を受けることはダメだ」という返答。しかし過去には、校内で他の先生のテレビ局の取材があり、授業中の様子が放送されたことがありました。僕はこのことに納得できず、「S先生がテレビの取材を受けた際、授業中の様子が放送されていましたよね。テレビの取材で授業中の様子を撮影することが許されていて、雑誌の取材で授業中の様子を取材することが許されない理由を教えてください。テレビと雑誌で、何か違いがお有りなんでしょうか」と伺ってみたところ、「それは確かにその通りだ」という返答でした。しかしその後も、取材が許可されることはありませんでした。

僕はこの2つの点について、どうしても納得ができませんでした。どうして他の先生方が許されることが、僕にだけ許されないのか。まるで許されないことが最初から決まっていて、なんとかその方向に持っていこうという、その場限りの理屈をいわれているように見えました。

そしてその後、大きな声で叱責を受けました。「魚住先生は、個人で購入した iPad を使って授業をしているので、個人情報などの管理が、心配です！　取材を受けた記事も見たが、あれじゃあ個人で買ったタブレットを活用することを推奨しているみたいじゃないか！　私はそういった行動が、心配です！」

職員室中に響き渡る、心臓に悪い声でした。忘れたことはありません。矛盾だらけの論理を、その複雑に絡み合った糸を解いていった先には、「魚住にだけは好き勝手なことをさせない。絶対に許さない。」という管理職の強い信念がうかがえました。他の先生には例外を許したとしても、僕にだけはダメなのです。管理職に確認をした上で行動しようとすることすら許されず、確認をしただけで逆鱗に触れることがわかりました。

僕が話しかけるだけで、怒鳴り声が職員室中に響いてしまう。報連相が成り立ちません。残念な話ではありますが、それからはこの管理職の先生にはなるべく話しかけないように過ごすようになりました。

## 文科省の明言にもかかわらず

2020年といえば、緊急事態宣言による臨時休校がきっかけで、全国各地の学校でGIGAスクール構想の実現に向けて動き出し、小中学校でのタブレット端末やクラウドサービスの導入事例がどんどん特集記事などに出てくる毎日でした。文部科学省も「GIGAスクール」chというYoutubeチャンネルを開設し、本来なら自治体の教育委員会の職員が見るレベルの内容のスライドを一般の方でも見られるように公開していました。

その中でも特に僕の心に響いた動画が、「2020年5月11日　学校の情報環境整備に関する説明会【LIVE配信】」でした。（これは現在でもYoutube内で検索すれば出てきます　※執筆現在）

配信が行われた当時、文部科学省の初等中等教育局　情報教育・外国語教育課　課長だった高谷浩樹さんは、動画内でこう語っていました。

ぜひ教育委員会の方々、もしくは学校の管理者の方々、管理職の皆様方。ぜひ頭を180度変えて頂きたい。なんでも取り組んでみてください。

私どものところにもいろんな声が聞こえてきますが、現場の教職員がICTを使ってこういうことをやりたい、ああいうことをやりたい、こういうことやったらいいんじゃないかということが、

「いや、一律に出来ないから」「いや、ルールにそれ沿ってないから」ということで、否定されるという悲鳴が数限りなく寄せられています。おかしいです。

今の緊急時、しっかりとICTを使う。

それは一番わかっている現場の先生方の取り組みというものを潰さないように、しっかりとそこは皆様方が、そこをサポートしていかなきゃいけない。

2020年5月11日　学校の情報環境整備に関する説明会【LIVE配信】YouTube
(https://youtu.be/xm8SRsWr-u4?t=6491)

僕がこの動画を、何回視聴したことか。どれだけ、勤務校の管理職の先生方に見せたかったか。

新型コロナウイルス関連の学校としての対応として、「もうすでに新しい日常が始まっています。これまでの考え方を180度変えて、対応していかなければなりません」と当時の管理職の先生が職員に向けて宣言していましたが、ICTの活用だけはその考えが変わったり、アップデートされたりすることはありませんでした。

ICTの教育への活用は決して、魚住独自の考え方ではありません。平成30年度に公示された学習指導要領にも明記されています。文部科学省だって、こうして動画で配信しています。それを受けて、県の教育委員会も積極的に文書で通知してきました。それでも、現場の管理職がNOと言えばNOでした。現場で僕がどれだけ頑張ろうとも、文科省や県教委が情報発信しようとも、ICTが活用されることはありませんでした。テコでも動かず、オセロのように他の色で挟んだとしても、管理職の考え方が変わることは一切ないまま、その年度を終えました。

## 何がいけなかったのか

ここまでの文章を書くことに、心理的にかなりの抵抗がありました。勤務校でのICT活用がここまで滞ってしまった原因は、これまでの僕の身勝手な行動による管理職からの評価が芳しくなかったからだと、僕自身が一番強く思うからです。まるで、道徳教育に出てくる「星野君の二塁打」のような話です。指示の通りに行動せず結果を出した結果、二度と試合に出場させてもらえなくなったのです。

目上の人に愛想良く振る舞って取り繕い、出世を狙うというやり手サラリーマンのような生き方は、僕にはできませんでした。一方、当時の管理職の先生は、自身が苦手としていたＩＣＴの活用をなんとしてでも進めようとする魚住は、職員室内で大声で叱責までしないと止められないと思ったのでしょう。今になって冷静に振り返ると、管理職の先生はそれほどまでに、教育の現場が新しい考え方に変わっていくことに恐怖を抱いていたのではないかと思うのです。時には叱責の声が大きく職員室の外にまで響き渡り、組合の先生が止めに入ってくださったほど、収拾がつかないこともありました。その光景は、数年経った今でも時折夢に出てきます。

ここまでの状態に陥ったことで、ようやく僕も理解したのです。管理職の先生がＩＣＴの活用に対して否定的な考えをお持ちだと、現場がどれだけ望もうとも進みません。書店で売られているGIGAスクール関連の本には「管理職の先生や主任の先生との共通理解を育むことが必要です」とサラッと書かれていますが、それが最大の困難であること。新しい取り組みに否定的で、それを進言するだけで叱責を繰り返す管理職の先生への対処法は、どれだけ書籍を読み込んでも書いてありませんでした。

僕は本書を通して、当時の管理職の先生を否定したいのではありません。僕自身が仕事の進め方において信頼を失う行為に及んでしまったことも、ここまでＩＣＴ活用が進まなかった原因の一つとして捉えています。ただ、近隣の学校の様子を聞くと、少なからず似たような状況があり、なかなか進まないという現状があるようでした。僕が失敗したこと、反省したこと、そしてどのような道のりを歩んだかを公開することで、どこかのだれかのためになるのではないかと思って出版を決意しました。

考えて見れば、おかしな話に聞こえるかもしれません。僕の授業は毎回コンピュータ室を使っているので、ＩＣＴを活用した授業はコロナ前から実現していました。ただ、授業の範囲を超えて、学校全体を変えようとしたことが、猛反発に繋がりました。要するに、「人様の仕事のやり方に口を出すな」ということです。

ＩＣＴを導入するということは、これまでの業務の流れを新しくするということです。アプリの操作方法などを1から覚え直す必要もあり、人によっては心理的なハードルがかなり高くなります。これまで１００年もの間ずっと変わらなかった教育現場、年功序列で管理職にまで出世した人が偉いとされる世界に情報革命の波が押し寄せてきて、30代の若造が突拍子もない意見をいうのですから、感情が爆発するのも無理はありません。管理職の先生は、職場全体を見て、ＩＣＴに不慣れな方の代弁者として出る杭を精一杯打ったとも考えられます。

## それでも諦めなかった理由

当時の管理職の先生からあれだけの仕打ちを受け、自分という存在を否定され、自分のことを「みにくいアヒルの子」のようだとも思っていた２０２０年。当然その頃は、家庭でも妻に愚痴をこぼす毎日でした。ふとしたとき、妻からこういわれました。

「私だったら、とっくの昔に諦めて息を潜めて仕事をするようになるけど。どうして諦めずにいられるの？」

妻には、管理職の感情を爆発させてまで、ＩＣＴの導入を進めるべきなのかという疑問があるようでした。疑問はもっともです。

この問いが投げかけられたとき、真っ先に浮かんだのは、子どもたちの姿でした。全国各地で育っている子どもたちの中には、GIGAスクール構想をうまく取り入れＩＣＴを教育に導入できた学校で教育を受けている子が大勢います。その一方で、勤務校に毎日通ってきてくれている生徒は、時代遅れの考え方の教育を受けることになってしまいます。この環境の違いによって生じる格差が、僕にはどうしても許せなかったのです。情報科という、ＩＣＴの楽しさや有用性を伝える教科の教員をしているからか、僕はＩＣＴの活用について人一倍強いこだわりがあります。せめて自分が接している子どもたちだけでも、ＩＣＴを勉強に活用する機会を提供したい。自分が長年こだわってきたことと、GIGAスクール構想を発端とした世の中の動きが重なった今の時代だからこそ、僕の強みが子どもたちのためになると思ったのです（それが従来の考え方と同じ物差しで評価されてしまい、勝手なことをするなと叱責を受けることになりましたが）。いつか時代が追いついてくれると信じて、ここまで耐え忍んできました。

何度もいいますが、２０２０年に起こったこれらの出来事は、今となっては自分の仕事の進め方に問題があったと思っています。当時の管理職の先生には、ＩＣＴ活用に関して精神的な負担を余計にかけてしまいました。そこから込み上がってきた感情が怒りとなり、僕に向いたのだと捉えています。

そして、ここから先は、自業自得とはいえ信頼が地に落ちた分、学校全体でＤＸを進める上で、かなり苦労することになりました。

# 1

# なぜ、学校DXが必要なのか

## 3次元アリの話

「宇宙兄弟」という漫画をご存じでしょうか。2007年に連載を開始し、2023年現在も連載中の宇宙を題材にした漫画です。2012年にはアニメ化や実写映画化もされました。

この漫画の中には心打たれるような名場面や名言がたくさんあり、それらを全てここで語り尽くすことはできませんが、DXを説明する上で是非紹介したいエピソードがあります。

それが、宇宙兄弟第3巻に出てくる、「3次元アリ」の話です。

### 「宇宙兄弟」のあらすじ

主人公の南波六太は、宇宙飛行士選抜試験の二次試験に合格し、三次試験に挑みます。三次試験は、受験者の中で割り振られた5人のメンバーで、試験期間中に無断で外に出たら全員失格という閉鎖空間の中で2週間過ごすという内容でした。閉鎖空間の室内は宇宙船に似ていて、メンバーで協力し合いながら与えられた課題にチャレンジしていきます。

出された課題の中で、「ニュースキャスターに送る抗議文を作成する」という内容がありました。受験者に見せられた番組の映像では、そのニュースキャスターは宇宙開発にかかる莫大な資金が税金で賄われていることを指摘し、その割には科学的成果が見られないことを問題視していました。地球上に解決すべき問題がまだ山積みなのに、そんなことにお金を使うのはいかがなものか、と。そこでJAXA（物語中）は、ニュースキャスターの番組内での発言から、視聴者が宇宙開発を軽視してしまうのではないかと考え、抗議文を送ろうとします。そして、その抗議文の文章を作成することそのものを選抜試験の課題としたのです。

抗議文について考えているとき、主人公と同じグループにいた他のメンバーの一人は、このキャスターに対して「何回見ても……こいつは敵やな」と毒づいたり、「…だからあんたみたいのがいなけりゃ、今頃みんな有休とって火星に旅行してるはずだ」というやや過激な文言を入れた抗議文を作成し、他のメンバーの前で読み上げました。

しかしここで主人公の南波六太は、文章を書くための紙が白紙であることをメンバーに見せました。「抗議はしない」という選択を提案したのです。ただし、彼は抗議文を書くことを諦めたのではなく、宇宙飛行士：野口聡一さんが話していた「3次元アリ」の話を思い出していたのでした。

## 3次元アリとは

この「3次元アリ」について少しだけ詳しく話しますね。

まず、直線の上を前後にだけ進むことができるアリを1次元アリだとします。この1次元アリが歩いているところに石が置かれると、彼らは進むことができなくなります。しかしそこに好奇心のある何匹かのアリが現れ、直線の外に出てみようと思い立ち、石を迂回して進むようになります。2次元アリの登場です。その後、他のアリたちが後に続き、みんなが2次元アリになり石の向こう側へと続いていけるようになりました。

次に現れたのは大きな壁です。前後左右の動きしか知らない2次元アリたちは、壁の向こう側を知ることができません。そこに何匹かの勇敢なアリが現れ、壁に登り始めます。登ろうとしないアリたちに批判されながらも、それでも命をかけて登っていきます。前後左右に加えて上下の動きを手に入れた彼らは「3次元アリ」となり、新たな世界への道をつくるのです。この「3次元アリ」の話は、野口聡一さんの著書『宇宙においでよ！』（講談社、2008年）にも書かれています。

課題に取り組んでいる最中にこの話を思い出していた南波六太は、2次元アリの世界にずっと止まっている、この頑固そうなキャスターに、3次元アリが見ている世界の話が通用するのだろうかと悩みます。そして考えた末に、「抗議をしない」という結論に達しました。3次元の魅力や意味は、ガチガチの2次元頭の人にいくら伝えても、言葉だけでは伝わらないという理由から出した結論です。

それを聞いていた他のメンバーも、「確かに、飛行機だってそうだったからね」と納得したのです。抗議文を作成するという目的からは程遠かったので、物語中に実際に提出されたのは別のメンバーが書いた文章でしたが、試験官もどこか南波六太の言葉に一目置いている様子が描かれていました。

### 「連れていくしかない」

この3次元アリの例え話を、アリストテレスが定式化した三段論法で表現してみましょう。三段論法とは、「A＝B」で「B＝C」ということは「A＝C」だよねという考え方です。

A：アリ（人間）

B：問題解決

C：新しい考え方

だとすると、

A＝B：アリは既存の問題を解決した

A＝C：アリは新しい考え方を取り入れた

B＝C：問題を解決するためには、新しい考え方を取り入れる必要がある

ということになります。

しかし、この三段論法を出したとしても、わからない人にはわからないのです。

そこで彼は、いいました。「連れていくしかないよ、宇宙に」と。

僕はこの3次元アリの話が学校DXにも重なるところがあると感じ、これまでの考え方にとらわれてしまっている管理職にDXの魅力を伝えるためには、DXが実現した後の世界を実際に見せるしかない！　と考えました。たとえそれが、どれだけ叱責を受け、信頼されなくなったとしてもです。時には大声で怒鳴られて、宇宙兄弟の登場人物のように、「あんたみたいに反対する管理職がいなくなりさえすれば、今頃はもっとDXが進んでいるんだ」と思ってしまうことも正直ありましたが、いくら毒づいていても、その管理職にDXが実現された世界を見せることはできません。たとえ大声で怒鳴られたとしても、周囲から管理職に楯突く厄介者として扱われたとしても、「諦める」という選択肢は僕にはありませんでした。

## コミュニケーションとDX―高校の教科書はどう教えているか

ここで改めて、DXとはそもそも何か、なぜそれを進めるのかについて、じっくり解説します。

DXとは、「デジタルトランスフォーメーション」の略で、「企業がビジネス環境の激しい変化に対応し、データとデジタル技術を活用して、顧客や社会のニーズを基に、製品やサービス、ビジネスモデルを変革するとともに、業務そのものや、組織、プロセス、企業文化・風土を変革し、競争上の優位性を確立すること。」と定義されています（経済産業省「デジタルガバナンス・コード2・0」より）。

定義の中の「データとデジタル技術を活用して」というのは、デジタル化を意味します。しかしただデジタル化しただけでは、定義の中のこの部分しか当てはまらないため不十分です。

重要なのはその後に書いてある、「業務そのものや、組織、プロセス、企業文化・風土を変革し」の部分です。業務や文化が変革し、新しい価値観にアップデートされてようやく「DXが達成できた」ということができます。

### デジタル化とDXの違い

例えば、僕はこれまで、職員会議で配布された資料はScanSnap（株式会社PFUが販売しているドキュメントスキャナー）を使ってPDF化してきましたが、これは「紙で存在していた情報をデジタル化する」作業です。これはこれで僕の個人の仕事効率は向上しましたが、そもそも職員会議の資料はWordなどを担当教員が利用して印刷されたものです。それなら、そのWordファイルを直接もらうことができたら、僕はもうわざわざスキャンしなくても良いはずです。

職員会議での資料が常にデータの状態で配布されることになれば、担当教員は印刷の手間を省くことができて、僕はスキャナーを使わなくて済みます。この段階まで移行できたら、「業務そのものを変革した」といえるのではないでしょうか。

つまり、これまでのデジタル化というのは、以前から続けられてきた業務の中の一部分だけをデジタルに置き換えただけに過ぎません。デジタル化する中で、業務プロセスそのものを見直し最適化することで、DX達成に近づけるのだと思います。

## 高校の教科「情報」について

公立高校の普通科で情報という教科が始まった

のは、2003年（平成15年度）です。当時の科目名は「情報A」「情報B」「情報C」で、この3科目の中から1科目を履修することになっていました。それから10年後の2013年（平成25年度）より「社会と情報」「情報の科学」に変わり、さらに2022年（令和4年度）、「情報Ⅰ」「情報Ⅱ」となり、「情報Ⅰ」がついに必履修科目となりました。

「情報Ⅰ」は、「情報B」と「情報の科学」がベースとなっていて、プログラミングや統計の分野が入っています。これまで「情報A」や「情報C」「社会と情報」を生徒に教えてきた学校でも、いよいよプログラミングを教えることになるのかと話題になりました。また、令和7年度以降の大学入学共通テストに情報が追加されたことも大きく報じられ話題になりました。

僕自身、情報科の科目が好きで、教員としてこの科目を学校で毎日教えていることにやり甲斐を感じ、誇りに思っています。特に僕がすごいなと思っているのは、DXの考え方の根幹となる考え方を、「情報Ⅰ」で教えていることです。

そこで、ここでは、「情報Ⅰ」の教科書で生徒たちがどのようにDXを学んでいるかをお伝えし、その考え方を基に、学校でDXを進める意義や指針について考えていきます。

## デジタル情報の特性

僕が勤務校で「情報Ⅰ」の授業を行う際に使っている教科書は、「高校情報Ⅰ Python（実教出版）」です。以下、この教科書の流れに沿いながら、解説します。

教科書では、最初に情報そのものの特性について学びます。「情報」は、「もの（物）」と比べたとき、大きく3つの特性があります。

1つ目が、残存性です。「もの」は他者に渡すと自分の手元からはなくなってしまいますが、情報には形がなく、他者に与えてもなくなることはありません。例えば、手紙や年賀状は相手に送ると自分の手元からなくなります。ですから、すでに送ってしまったものは自分の記憶が頼りです。もしこれがSNSのメッセージやメール、つまり「情報」として残っていれば、やりとりを遡って振り返ることが可能です。

2つ目が、複製性です。「もの」はまったく同じものを作ることが容易ではありません。例えば、画家に同じ内容の絵を描いてくれと頼んだとしても、100%完全に一致するように筆を運ぶことは困難でしょう。デジタル情報であれば、絵も音楽もあっという間に大量に複製でき、劣化もしません。

3つ目が伝播性です。郵便物や宅配便などの「もの」は、早く届けるにも限界があります。しかし「情報」は、インターネットを通して一瞬で世界中に届けることができます。5G回線が普及しつつある昨今では、遠く離れた場所からでもオンラインで顔を見ながら話ができるようになったのです。

この3つの性質をコストの面で考えると、残存性・複製性・伝播性のどれをとっても、「情報」のまま扱ったほうが、コストがかかりません。「もの」はすべてにおいてコストがかかります。

表1　コミュニケーション形態の4分類（『e-topia』を参考に作成）

| | ローカル | リモート |
|---|---|---|
| 同期 | ①対面で話をする | ③電話で話をする |
| 非同期 | ②机の上にメモを残す | ④郵便やメールを送る |

（注）「高校情報Ⅰ Python」にも同じ内容の表が掲載されていますが、ローカルが「直接」、リモートが「間接」と表現されていました。また、『e-topia』の日本語翻訳版ではそれぞれ、「現地型」と「遠隔型」と訳されています。今回はあえて、原著に書かれた「Local」「Remote」をそのままカタカナ表記しました。コロナ禍でリモートワークという単語が認知されるようになった今、「リモート」をわざわざ「遠隔型」と訳さないほうが馴染みやすいと判断しました。

## コミュニケーション形態の4分類

続いて、私たちが普段から行っているコミュニケーションを、形態ごとに分類していきます。この分類は、DXを進める上での大きな指針のもととなります。

2000年に出版された『e-topia: "Urban Life, Jim-But Not As We Know It"』（William J. Mitchell著・2000年）では、インターネットで世界中がつながることが前提となる21世紀における都市創造の観点から、コミュニケーションの形態が**表1**のように分類されて掲載されていました（ちなみに、2000年といえば、インターネットは普及し始めたものの、まだスマホやYoutubeもありませんでしたし、TwitterやFacebookなどのSNSもない頃です）。

まず、表の「ローカル」とは、英語で「地方の」という意味で、「その場所」を表します。電車で、その地域の路線のことを「ローカル線」と呼んだりしますよね。つまり、「ローカルでのコミュニケーション」というのは、「その場所」にいる人同士でのやりとりということです。

一方「リモート」とは、「距離が遠い」という意味で、「遠く離れた人同士のコミュニケーション」を指します。

この2つの要素に、「同期・非同期」という時間軸を掛け合わせます。

「同期」は同時。「非同期」はそれぞれが異なるタイミングです。

すると、4つに分類されます。

①「ローカル+同期」　同じ場所・同じ時間でのコミュニケーション、例えば対面で直接会話をすることなどが挙げられます。

②「ローカル+非同期」　同じ場所にいながらそれぞれが異なるタイミングでやりとりすることです。例えば、机の上に残されたメモを通したコミュニケーションが考えられます。

③「リモート+同期」　離れた場所同士で同じタイミングでやりとりする方法です。例として、電話が挙げられます。今でいうと、ビデオ会議もここに分類されるでしょう。離れた場所にいながらも、まるで「ローカル+同期」と似たようなコミュニケーションを行うことができます。

④「リモート+非同期」　離れた場所にいながら、時間も同期していないコミュニケーションです。郵便やメール、最近で言うとLINEなどのSNSでのやりとりもここに分類されます。

## 4分類が出来上がった歴史

DXを進めるためには、この4つのコミュニケーション形態が、人類の歴史とともに出来上がってきたことを理解する必要があります。

まず、人類がまだ文字を持たなかった時代、コミュニケーションの手段は①「ローカル+同期」が主流でした。人と人とがコミュニケーションを取るためには、直接会って話さなければならなかったのです（狼煙という手段はありましたが、合図を送る程度のものでした）。

文字や記号が発明されてからは、これまで人から人へ口頭で直接伝えてきたものを、「文字」として残せるようになりました。ただ、文字が登場したばかりの頃は、石や壁などに文字を彫って表現したため、読む人は、その場所に行かないと読むことができませんでした。これが②「ローカル＋非同期」の誕生です。

その後、人類は紙を発明し、情報を紙に記録し運ぶようになりました。情報を運ぶことそのものが重要な役割となり、今日も郵便というシステムとして残っています。これが④「リモート＋非同期」です。

そして19世紀になると、電気を使って遠距離同士で通信するようになりました。電話の登場によって、離れた場所同士で、リアルタイムで会話ができるようになったのです。こうして最後に生まれたのが③「リモート＋同期」です。

今では、インターネットの力で情報のやりとりがデジタルで行われるようになりました。残存性・複製性・伝播性という3つの特性を兼ね揃えたデジタル情報は、「もの」とは比べものにならないほど簡単に複製でき、手元に残ったまま短時間に伝播します。

## さらに8つに分類してみる

**表2**は、**表1**を更に「情報」と「もの」に分けたものです。こうしてより細かく分類していくことで、2023年現在において使われているコミュニケーションの手法の具体例を出すことができ

るようになります。本書を執筆するにあたって、それぞれの項目に当てはまるものを挙げてみました。もしあなたが普段利用されているコミュニケーションの形態の中で、この表に載せていない項目がもしもあったら、それが表のどこに分類されるのかを考えるのも、DXを進める上での第一歩になると思います。

## 一対一か、多数か

更にここに、人数も合わせて考えていきます。コミュニケーションをとるときの人数という視点から分けると、1対1、1対多、多対1、多対多の4つに分けることができます。

1対1は1人と1人のやりとりで、直接の会話や電話での会話、LINEや手紙などのやりとりが考えられます。1対多は1人から複数の人に向けての情報発信で、テレビ放送や講演会などが当てはまります。多対1は、複数の人から1人の人へと情報を発信することで、受付やアンケートなどが挙げられます。多対多は複数の人が対等となって情報を発信し合う、グループワークでの話し合いや飲み会などが該当します。

**表2**で示した8分類を、さらにそれぞれ4つに分けることができる

表２　コミュニケーション形態をさらに「情報」と「もの」で８つに分類

| | ローカル | | リモート | |
|---|---|---|---|---|
| 同期 | 情報 | もの | 情報 | もの |
| | 会話、ライブ<br>職員会議 | プレゼント<br>プリント、切符 | 電話、テレビ<br>ラジオ | |
| 非同期 | 情報 | もの | 情報 | もの |
| | 展示会の音声案内 | 案内板、掲示物<br>ふせん | メルマガ<br>オンライン予約<br>LINE | 本、新聞<br>贈り物<br>フリマアプリ |

表３　コミュニケーション形態をさらに「人数」の視点で32に分類

| | ローカル | | | | リモート | | | |
|---|---|---|---|---|---|---|---|---|
| 同期 | 情報 | | もの | | 情報 | | もの | |
| | １対１<br>会話<br>会食<br>告白 | １対多<br>ライブ<br>職員会議<br>いずれのコストも高い | １対１<br>プレゼント<br>手紙手渡し | １対多<br>プリント<br>黒板 | １対１<br>電話 | １対多<br>テレビ<br>ラジオ<br>ライブ配信 | １対１<br>移動コストなし<br>スケジュールコスト高い | １対多 |
| | 多対１<br>Webアンケート即答 | 多対多<br>授業ツール<br>ロイロノートなど | 多対１<br>紙のアンケート<br>食券<br>切符 | 多対多<br>プレゼント<br>交換会 | 多対１<br>オンライン<br>セミナー内<br>アンケート | 多対多<br>ロイロノート<br>チャット | 多対１ | 多対多 |
| 非同期 | 情報 | | もの | | 情報 | | もの | |
| | １対１ | １対多<br>展示会の音声案内<br>QRコード | １対１<br>ふせん<br>置き手紙 | １対多<br>案内板<br>掲示物 | １対１<br>個別の<br>チャット<br>LINE | １対多<br>メルマガ<br>Webページ | １対１<br>贈り物<br>手紙<br>フリマアプリ | １対多<br>本、新聞<br>チラシ<br>DM、通販 |
| | 多対１<br>移動コストあり<br>スケジュールコスト低い | 多対多 | 多対１<br>提出物<br>目安箱<br>アンケート | 多対多 | 多対１<br>Web<br>フォーム<br>オンライン<br>予約 | 多対多<br>メーリング<br>リスト<br>LINEグループ | 多対１<br>返信はがき<br>いずれのコストも低い | 多対多 |

ので、32のパターンに分類することができます。これを整理したものが表３です。

このように、私たちがふだん行っているコミュニケーションは、非常に多種多様で、状況に応じて使い分けているのです。

なお、デジタル化というのは、同じコミュニケーションの形態をとりつつ「もの」から「情報」に移り変わっただけとも考えられます。例えば、新聞がメルマガに変わるような変化はデジタル化の一つです。このようなデジタル化では、コミュニケーションの形態そのものは変化しないのです。

## コミュニケーションとコストの関係

そこで今度は、それぞれのコミュニケーションの形態を選択した際にかかるコストの面から考えていきます。どの形態に対してどれほどコストがかかるかは、先述した『e-topia』でも言及されていましたが、本書でも確認しておきます。

まず、一番コストが高いのが①「ローカル+同期」です。同じ時間に同じ場所でのみ成立するこの形態では、スケジュールを合わせるコストと、当日現地まで移動するコストがかかります。特に参加する人数が多ければ多いほど、コストが高いものになります。

次に、③「リモート+同期」です。電話やビデオ通話などは、移動するコストがかからないため、ネット回線や電波のつながる場所ならどこからでも参加できます。ただし、時間は同期しているので、あらかじめスケジュールを調整するためにコストがかかります。また、コミュニケーションをとっている間は時間を同期し続けるので、時間をかければかけるほど、相手の時間を奪うことにもつながります。事前に電話をかける日程が決まっていないのなら、受ける相手にとって、電話は突然鳴ることになり、予定していなかったコミュニケーションに応えることにもなります。

次に、②「ローカル+非同期」です。非同期であるため、時間を共有する必要がありません。ただその代わりに場所が決まっているため、コミュニケーションを行うためにはその現地にまで移動しなければなりません。この移動にコストがかかります。

最もコストがかからないのが、④「リモート+非同期」です。スケジュールを合わせる必要もありませんし、移動するコストもかかりません。

## 人はコストに価値を感じる

コミュニケーションの形態を『e-topia』の分類をベースに更に細分化し、それぞれにかかるコストの差を考えました。このことについて考えていくうちに、一つの考え方にたどり着きました。「人は、コストが高くついているものに価値を感じる」ということです。いくつか例を出してみましょう。

あなたが今、好意を寄せている人に、自分の気持ちを伝えようとしているとします。告白をしようということです。どんな方法で告白をすると、自分の気持ちがいちばん伝わるでしょうか。

気持ちを伝える手段としてはいくつか考えられます。直接会って伝える、電話で伝える、手紙を書いて送る、LINEなどのメッセージで伝える……。僕なら、自分の気持ちを正直に伝えるには、直接会って伝えるのがいちばんよいのではないかと思います。LINEなどのメッセージで済ますとなると、大切な言葉を気軽に伝えてしまっているような、どこか楽をしているようにも感じます。手紙を書いて送るのなら、Wordで印刷したものと、便箋に手書きで書いたもの、どちらが気持ちが伝わりそうでしょうか。その手紙そのものを直接会って渡すのと、郵送するのと、代わりに誰かに届けてもらうのとでも、伝わる度合いが違うような気もします。

そこで、どの手段を選んだら気持ちがいちばん伝わるのかを、先の分類に基づいて「コスト」という視点で考えてみましょう。

会って直接伝えるのは、①「ローカル＋同期」ですね。自分と相手の予定を合わせて、同じ場所に移動するコストがかかります。相手にかかるコストを意識するのなら、なるべく相手の都合に合わせたり、相手の移動コストが少ない場所を選ぶこともあるでしょう。それでも自分の思いを伝えるために、高いコストをかけるのです。

電話で伝えるのは、③「リモート＋同期」なので、時間は同期していますが、２人が同じ場所にいるわけではありません。①「ローカル＋同期」と比べると、移動コストを削ったと思われるかもしれません。

手紙は「非同期」ですが、「もの」をやりとりするので、受け取ったあとは相手の手元に残り、いつでも読み返すことができます。置き手紙であれば②「ローカル＋非同期」、郵送や友人から渡してもらうとなると、④「リモート＋非同期」に分類できます。LINEなどのメッセージで伝えるという方法は、予定を合わせたり、現地まで移動したり、手で書いたりすることで生じるコストをすべて抑えているので、コストが低く、強い気持ちとして伝わらないように思えます。なお、相手に手書きのラブレターを直接渡すのなら①「ロー

カル＋同期」になるので、コストは高いですね。

このように、伝える気持ちや言葉の内容が同じだとしても、コミュニケーションにかかるコストによって、人は相手の行動に価値や気持ちの差を感じます。その行動に高いコストがかかっているほど、価値を見出し、真剣に向き合おうとするのです。反対に、コストがかからない方法には、そこまで価値を感じないので、「気持ちが込められていないな」と受け取られてしまう可能性があるわけです。

## 学校でDXを進める意義

### DXが進まない本当の理由

ところで、本書が出版された2023年時点でも、DXが進んでいない企業や学校が多くあります。文科省がこれだけ働き方改革を推進している中、どうしてDXがこうも進まないのかを考えた末に辿り着いた答えが、先ほどお話ししたコミュニケーションにかかるコストと価値の関係でした。

人類が文字を発明し、記録を残すようになり、遠く離れた場所と通信ができるようになった今でも、むしろ、今だからこそ、いちばんコストがかかる「ローカル＋同期」に最も価値があると感じる。これが愛の告白のみならず、職場でも残っていることが、DXが進まない最大の原因なのです。

## 「ローカル＋同期」は東海道を歩くようなもの

しかしながら、テクノロジーの発展により、手間だったことが自動化され、短い時間で済むようになったものは多くあります。東京から大阪までの移動手段は、新幹線に乗ることが一般的な時代に、歩くことには価値があるからと、東海道五十三次を歩けというのも無理がある話です。

ＤＸを成功させるためには、こうした高コストに価値を見出している方たちに、低コストに移行することに理解を示していただかなければなりません。では、どうしたらコストを下げることに納得していただけるのでしょうか。

ＤＸを進めるためにも重要なのは、「何を根拠に業務の流れを改善していくか」ということを明確にすることです。新しいシステムを導入するにあたって、管理職の先生や周りの先生方を説得するためには、「今のやり方は効率が悪い」という主張だけでは通用しません。ただ単に自分が楽をしたいからだと勘違いされてしまいますし、従来通りのやり方が絶対的な正義であると信じている方たちの逆鱗に触れることになります。

そこで、なぜ今、学校はＤＸに移行する必要があるのか、社会状況をふまえながらだれもが納得できるような根拠を、理論的に考えてみます。

## 飲み会スルーに見る最近の若者の価値観

２０１９年12月10日に放送されたＮＨＫ番組「ニュースウォッチ９」で、「#忘年会スルー」というハッシュタグについて特集されていました。新型コロナウイルス禍前の報道ですが、会社の飲み会に参加したくない若者がテーマの内容でした。番組の中で、「忘年会は年に一度、年齢差を超えたつながりを作る上で必要」という管理職世代の意見や、「自分で4000~5000円払って上司の話を聞くのはハードルが高い」という若手社員の意見が紹介されていました。なぜ若者は、会社の飲み会に出たくないのでしょうか。

どの世代にもお酒が苦手だったり、大人数での会食が苦手だという人が一定数いると思いますが、番組ではそれ以上に、「世代間による価値観の違い」を取り上げていました。

今の管理職の世代は、終身雇用が当たり前という考え方です。一度就職したその会社に定年退職するまで面倒をみてもらうことが前提で、会社の中で運動会を開催したり、家族ぐるみで参加するようなイベントを企画したりと、会社を生活の中心に置いて働く姿勢が見られました。こうした時代には、コミュニケーションを円滑にするために飲み会を定期的に開いて交流を深めることにも、意味があったと思います。「みんなで同じものを」という時代の主なメディアはテレビやラジオで、視聴率の高いドラマの主題歌がヒットソングとして覚えられ、多くの人が同じコンテンツを楽しんでいました。

ところがインターネットが普及してからは、状況が一変します。これまでは限りあるメディアが情報を発信していただけでしたが、個人が気軽に情報を発信する時代へと変わり、YouTubeなどで歌や踊りを披露して、プチ有名人になる人が増えてきました。情報発信者が増えるにつれてコンテンツも以前と比べ物にならないくらい増えて、個人の趣味がどんどんニッチ（狭い、細分化された）なものになっていきました。今ではもう当たり前の感覚になりつつありますが、今の学生は趣味や好み、推しているアイドルやキャラクターに至るまで、みんなそれぞれ違うこともあり得るのです。そして自分に対して危害を加えたりしてこなければ、他人が好きなものを無下に否定せずに、お互いに認め合う雰囲気もあります。

こうした今の若い世代の人たちにとっては、プライベートな時間こそ価値のあるものであり、会社の飲み会に参加することよりも、一人の時間を過ごしたり、仲の良い友人や家族との時間を大切にするほうが価値のある行動だという考え方が一般的です。つまり、職場の上司によるありがたいお話を長時間聞きながらお酒を注ぐことに、価値を見出せないのです。

そんな若い世代が組織に求めるもの、それが働き方改革です。仕事の効率を上げて生産性を高め、できる限り短時間で済ます。つまりコミュニケーションの分類で言えば「ローカル＋同期」から「リモート＋非同期」に移行して仕事をすることなのです。今の時代、社内のイベントに付き合わされる企業よりも、働き方改革による業務効率化が図られ、リモートワークが推進され、休暇を取得しやすい組織のほうに価値や魅力を見いだすのです。

## 若者はパーソナライズの心地よさを知っている

では、若い世代は帰宅したあと、何をして過ごすのでしょうか。ネットが普及して、みんなで同じテレビ番組を観る――そんな時代は、ネットの普及とともに終わりました。ネットでドラマを観たり、ゲームで遊んだり、ライブ配信を観たり、読書をしたりと、ひとくくりにできないほど千差万別です。

しかし一方で、そのコンテンツは、個人に向けて「おすすめ」された内容が増えてきたのも事実です。例えば、動画配信サイトでは、すでに視聴した作品の傾向から視聴者の好みを推測し、次に見るべきコンテンツを勧めてくる機能があります。通販サイトで商品を購入する際も、ユーザーに興味がありそうなものを勧めてきます。つまり、プライベートの時間は自分が好きなことに時間を使っているように見えながら、だれか（場合によってはＡＩ）から「おすすめ」された情報に基づいて行動しているといえます。近頃のこうした情報は精度が高く的確なので、満足度も上がっているのです。このようなパーソナライズ（個別最適化）された環境は、「個人として大切にされている」という感覚すら与えます。

この感覚は、今の中高生はすでにもっていると感じます。「みんなと同じことを同じように提供される」のではなく、その生徒個人に向けられた行動があると、嬉しいと感じるのです。（ついでにいえば、今は学校生活に対してそれぞれの保護者から個別に細かい要望が出て、対応に追われる毎日です）。

時代が変わった今、以前と同じペースで、一人ひとりに対して高いコストをかけていては、教師の仕事は全然回りません。効率化できるところは徹底的に効率化する必要があるのです。

## 結論。学校でＤＸを進めなければならない理由

ここまで述べてきたことを踏まえ、学校ＤＸを進めるための大きな根拠を挙げると、一つは生徒のニーズを満たすためであり、もう一つは、教師の生産性を高め、働きやすくするためです。

学校は、社会情勢に合わせて、生徒からのニーズを基に変革しなければなりません。残念ながら僕の勤務校は、過去数年に渡って定員割れが続いています。この問題に対して、PRが足りないからだという方もいらっしゃいますが、僕は常々、生徒からのニーズに対応していないからではないかと考えていました。学校での生活が生徒のニーズを満たし、魅力があるものならば、定員割れなど起こらないと思うのです。

一方で、教師の仕事は可能な限り「ローカル＋同期」から「リモート＋非同期」に移行して生産性を高め、それで空いた時間を、個別に対応しなければならない生徒に対して使うわけです。生徒が提出した手書きのノートを1冊ずつ点検してハンコを押す……なんて悠長なことやっていられないくらい、やるべきことは他にあると考えています。ある人は早く帰宅して家族との時間を大切にしたり、ある人は勉強会に参加したり、ある人は趣味の時間を過ごしたりして、明日も働くためにコンディションを高める行動をするわけです。

DXを実現するためには、組織全体の意識改革、特に管理職の先生からの支持が必要です。学校という組織の中では、管理職の先生が方針を決定されますから、校長先生や教頭先生がDXを推進しようとすれば進みますし、何がなんでも推進しないとなれば絶対に進みません。学校の働き方改革を本当に推進しようとするのなら、もはや一人の教員の仕事術レベルでは実現できないのです。

2019年に管理職から叱責された僕は、このような説得できるだけの根拠を身につけました。次に必要なものは何でしょうか。そう、仲間です。

第2章からは、校務ICTをいかにして導入し、その後、どのような道のりで少しずつ変革を進めていったのかをまとめた、DX物語が始まります。

## コラム

### コストと主体性の関係

コミュニケーションについて、コストの面から考えていたら、面白い発見がありました。「ローカル＋同期」の場合はコストが高くかかっている分、受け取る側はコミュニケーションに受動的、つまり受け身の姿勢でも許されるのです。

例えば、現地開催の講演会やセミナーに参加するには、「開催される日程に自分の予定を合わせて、当日現地に赴く」いうコストがかかります。しかし、現地では事前に用意された配布資料や紙のアンケートを簡単に受け取ることができます。

一方、講演会がリモート配信で行われる場合、自分の手元に資料は届きません。事前にメールなどで配布されたものをダウンロードしなければなりませんし、視聴する時間を自分で作り出さなければなりません。つまり、「リモート＋非同期」はコストが一番かからない形態ではありますが、コミュニケーションに主体性が求められるのです。

僕自身の経験をお話しすると、キャンパスのある大学と通信制大学の両方で履修をしたことがありますが、キャンパスに足を運び、教室で授業を受ける場合は受け身でもなんとか単位がとれた一方、通信制の大学では自分で計画を立てて進めなければならず、修得を断念してしまいました。

最近ではリモートワークやオンライン授業が行われていますが、それにかかるコストが低いほど、本人にやる気や主体性が求められるのではないかと思います。

『教師の iPad 仕事術』にも書きましたが、数年前まで、職員全員が見ることができる共

## コラム ● ● ●

有フォルダに保存してあるファイルの内容を、わざわざ印刷して配布することに、僕自身は大きなコストを感じていました。「共有フォルダのこの場所に保存してあるので、ご覧になりたい方はどうぞ」とアナウンスするだけではダメなのか？ といつも疑問をもっていました。

ある日、上司にあたる先生にその疑問をぶつけてみたところ、「たとえすぐにゴミ箱行きになったとしても、少しでも目にとめてもらうためだけに全員分印刷を行うんだ」という回答でした。それでも当時は、全員分印刷して配布するというコストと、先生方が一瞬だけ見てすぐ破棄していく様子を見て、やはりどうしてもコストに見合っていると思えませんでした。

ＤＸを進めていく試行錯誤の中で、この疑問の答えが見つかりました。「全員分印刷して配布する」という行為には相応のコストがかかります。しかし、それぞれの先生方が、共有フォルダの指定されたファイルにアクセスするというコストを削減することができ、受け身でも確実に情報を受け取ることができます。また、情報が「紙」という「もの」を通して伝えられることで、受け取った人にもコストがかかっていることが伝わり、内容を少しでも見ようかという思いにつながるわけです。

ＤＸが進むと、「情報を共有する選択肢」を増やすことができます。これまでは紙に印

## コラム ●●●

刷して配布したり、会議などで口頭で伝えたりするしか情報の伝達手段がありませんでした。教育委員会が校務で使えるサーバを整備してから15年が経ちますが、それでも「共有フォルダのこの場所にあるファイルを見てください」が通用しなかったのが、わが校の現状でした。それが今、タブレット端末が配備されたことで、印刷や紙そのものにかかるコストがやっと少し、意識されてきたように思います。

しかし今、僕はすべての紙が消えてなくなれば良いのにとは思いません。むしろその逆です。「紙でなければならないものは、積極的に残すべきだ」とも考えるようになりました。世間ではDXが進んで、業務の効率化やコストの削減が意識されるようになり、この流れにはもちろん僕も賛成です。ですが、コスト削減によって捻出できたリソースを、本当に必要なものに使うべきだと思っています。要はメリハリが大事だということです。どうしても紙でなければならないものや、受け身の相手でも必ず見てもらいたい資料は、印刷すべきなのです。

印刷前のファイルの状態のまま共有することが可能となった今、印刷して配布することに対するコストが相対的に高くなりました。「いつも紙に印刷しているから」ではなく、「これは紙であるべき」という理由があるのなら、それは最良の選択だと思います。

# 2

# できそうなところから導入を試みる

## 職員会議の電子化

僕の前著『教師のiPad仕事術』では、紙の資料をスキャンで電子化する方法を紹介しました。具体的には、職員会議で配布された紙の資料をScanSnapというドキュメントスキャナーでスキャンし、Evernoteに取り込むことでiPadやパソコンで閲覧できるようになるという方法でした。

学校という職場環境では、紙の資料が本当に多く存在します。職員会議で配布される資料以外にも、管理職の先生が掲示する県教委からの通知文や、生徒に配布するプリント、保護者宛の文書、未だにほとんどが紙です。

### 職員会議が紙だった頃

かつての職員会議では、開始前に廊下に並べられた大量の資料の山の前に職員が並び、職員名簿の自分の欄に○をつけたあと、資料を一枚ずつ取っていく……という作業が必要でした。それぞれの分掌主任の先生は、職員会議が始まる前に全員分の資料を印刷し、所定の場所にセットしておく必要がありました。

列に並んでいる先生方が一人ひとり名簿に○をつけて、一枚ずつ資料を取っていくので、職員会議が始まるまでに列はどんどん長くなり、待ち時間もどんどん長くなりました。かといって早いタイミングで資料を取りに行ってしまうと、まだすべての資料がセットされていなかったりするので、職員会議中に必要な資料が手元にないことに気づくなんていうこともしばしばでした。

僕はこの光景を見て、いつも不便さを感じていました。ICTをもっと活用すれば、この不便さを解消できるのに。どうして職員会議の資料はいつも紙のままなんだろうと思っていました。

しかし、ここで「不便だ不便だ」と文句をいうだけでは、「自分勝手な人」「楽をしたい人」と間違った形で伝わってしまいます。序章に赤裸々に書いた通り、自分勝手な人間であると印象づけられてしまうと、それがどんなに正しい考えだったとしても、だれも自分の意見を聞いてくれなくなります。

そこで、なぜ職員会議の資料を紙ではなく、デジタルに変えるべきかということを、情報Iの知識を使って説明してみたいと思います。

## 「紙」というメディアの特性

人類はこれまで情報を「紙」というメディアに保存してきました。さらに、ヨハネス・グーテンベルグが活版印刷機を発明してからは、複製が容易となり、「著作権」という概念が生まれました。学校現場では、かつてガリ版印刷を手作業で行い情報を複製していましたが、1980年代に自動印刷機が登場し、効率が上がりました。

しかし、「紙」というのはモノとして存在するため、デジタル情報と比べると不便な点が目立ちます。例えば、次のような点です。

（紙）複製するためにはコピー機が必要。

（デジタル情報）コピー機は不要。
（紙）だれかに渡すと、自分の手元から無くなる。
（デジタル情報）だれかに渡しても自分の手元にも残る。
（紙）一度ファイルに綴じてしまうと、探すときに時間がかかる。
（デジタル情報）一瞬で検索できる。また通知機能の活用で、探す手間すら省くことができる。

これらのことを踏まえると、職員会議で配布される資料は、モノではなくデジタル情報として保存しておくほうがメリットが多いことがわかります（屋外で行われる学校行事の要項など、タブレット端末を活用しづらい環境での閲覧が必要な場合は、その資料だけプリントすれば済む話です）。

第1章でも書きましたが、紙の資料をScanSnapでデジタル化していた頃から、「自分が今やっているこの作業って、本当に必要な作業なんだろうか？」とずっと思っていました。毎日のように押し寄せてくる大量の資料をスキャンする度にそう思っていました。

考えてもみてください。令和のこの時代、手書きで作成された資料はほぼなくなり、資料の多くはWordなどのワープロソフトで作成されたものです。つまり、作成した先生が使っている端末本体か、共有フォルダにファイルとして保存されているということです。

であれば、そのファイルを他の人も自由に見られる場所で共有すれば、印刷の手間が省けて利便性がはるかに上がるのです。

## 教員一人一台タブレットが配備された

わが県の県立高校で、すべての教員に校務用ノートパソコンを配備し終えたのが2009年のことでした。しかし、当時のノートパソコンは、バッテリーも長時間の使用には向いておらず、ACアダプタを外した状態での稼働時間は実質3時間。また、本体も分厚く重たかったため、持ち運びには不向きでした。

その後、2019年に教育委員会は、GIGAスクール構想に先駆けて全教員にタブレット端末Surface Goを配備しました。校舎のすべての普通教室に電波が届くようにWi-Fiも整備され、授業や校務でタブレット端末を活用する準備が整いました。このタイミングでなら、職員会議のペーパーレス化が実現できるのではないかと考えました。

セキュリティーの観点より詳しいことはあまり書けませんが、すべての教員にタブレット端末が配備されるのと同時に、成績処理用のノートパソコンも追加で配備されました。このノートパソコンは成績を持ち出せなくするために、USBポートにUSBメモリやHDDなどを接続しても、認識しないようになっています。また、個人情報漏洩を防ぐために、デスクトップにファイルを保存せず、共有フォルダでファイルを管理するよう徹底されています。

一方、タブレット端末は授業や教材研究などに活用することが目的であり、共有フォルダにはアクセスすることができません。このように、タブレット端末とノートパソコンの間では自由にデータが行き来できないようになっていました。

そこで僕は、2019年にタブレット端末から利用できる新たな共有フォルダをICT担当として独自に整備しました。タブレット端末同士で気軽にファイルを共有することができれば、先生方が便利にタブレット端末を活用できると考えたのです。そしていつかこの共有フォルダに職員会議の資料が保存されて、タブレット端末からいつでも会議資料が確認できる未来が実現することを楽しみにしていました。

しかし、勤務校でそれが実現したのは、2021年の6月。全教員にタブレット端末が配備されてから、実に1年以上かかりました。

## 新しい試みは、心理的ストレスを誘発する

2020年に入り新型コロナウイルスの感染が拡大するにつれて、学校現場も対応に追われ、新しい試みの導入への判断が後ろ向きになりました。

本来ならICTを活用する試みというのは、既存の業務を改善し、時間短縮を図ったり、効率化を目的とするものです。しかし、身の回りの業務に追われている人にとっては、これまで経験したことのない業務フローで仕事を行うことそのものがストレスとなり、「新しい試み＝手間がかかること」と思い込むようになります。つまり、業務を効率化するための試みを提案するということは、同じ職場で働く先生方に新しい操作を覚えて使ってもらうことを強要することとイコールなのです。新しいアプリ、新しい操作で仕事することを強要するICT担当者は、多くの先生方にとって厄介

者と思われます。激務に追われる先生方にとってＩＣＴ担当者は、自分から更に心の余裕を奪っていく悪魔のような存在なのです。

ＩＣＴ担当者はまず、自分がそういう存在として見られることを、認識しなければなりません。新しい試みにチャレンジしたり、効率化を図るための仕組みを導入したり、クラウドサービスを利用したシステムを構築していくと、それだけで自己肯定感が高まり、ワクワクします。それが学校の都合により利用してもらえなかったりすると、自分自身の存在そのものが否定されたと感じ、生きる意味をも失います。

しかしここで諦めてはいけません。他の先生方も、もちろん快適に仕事をしたいと考えています。ただ、ＩＣＴを活用することで、これまでの業務がどれほど効率化されるのかが想像しづらいのです。これは、コンピュータとの相性や、ご本人の性格の問題なので、第三者からはどうしようもありません。いつか、ＩＣＴの必要性がわかっていただける日が、必ず来ます。その時が来るまで諦めない、強い心が必要です。

このような理由で導入までに時間がかかりましたが、職員会議の資料のペーパーレス化は、他校の実績も複数あり、導入に至りました。

## WordかPDFか問題

まず実践したのは、タブレット端末から見られる共有フォルダに「職員会議資料」というフォルダを作り、分掌主任の先生方に資料を保存してもらい、職員会議中に皆さんにアクセスしていただくという手順でした。タブレット端末の本体にファイルをコピーする先生や、ファイルを直接開く先生がいて、皆さんそれぞれの行動をとられていました。

資料として保存されるファイルの形式は様々で、Word や Excel のファイルもあれば、PDFに変換されたものもありました。僕としては最終的には Evernote に保存しようと考えていたので、元の Word のファイルを開き、PDFで保存してから開きました。これにより、フォルダの中には、同じファイル名の Word のファイルと変換されたPDFが混在していました。

この光景を良く思われない、議題担当の先生がいらっしゃいました。自分が作成したファイルをPDFに変換されたりメモを追記されたりすることに対して、不快な思いを抱いたようでした（一度共有されたファイルなのだから、どう加工されても仕方ないのではと個人的には思うのですが、人が何を不快に思うかはそれぞれです）。この不快感を解消できなければ、ペーパーレス化そのものが存続できなくなり、紙の時代に逆戻りです。

この課題を解決するために、管理職から2つの依頼を受けました。1つは、共有フォルダ内に、先生方一人ひとりの名前のフォルダを作成すること。もう1つは、職員会議資料のフォルダに保存されたファイルをすべて、職員会議が始まる前までに、先生方のフォルダにそれぞれ複製しておくことでした。これなら、ファイルを閲覧する先生方がファイル名を変えようが何をしようが、各個人のフォルダの中で行うことであり、作成者が不快に思うことはありません。

ただ問題は、どうやって先生方のフォルダにファイルをコピーするかです。Windows なら「Ctrl＋C（コピー）」と「Ctrl＋V（ペースト）」というショートカットキーを使うことで、ある程度は作業を簡略化できますが、60人ほどの職員分を手作業でコピー&ペーストするのは骨の折れる作業です。

そこで、Windowsで動作するスクリプト、「バッチファイル」を組むことにしました。バッチファイルとは「.bat」が拡張子のファイルのことで、コマンドプロンプト上で実行するコマンドを一つのファイルにまとめて実行する際に使うものです。

まず、先生方の名前をつけたフォルダを、手動で作成しました。職員名簿のExcelファイルの項目から先生方の名前をコピーして、新規でフォルダを作成する作業を行いました（この作業の自動化も考えたのですが、バッチファイルを作成する時間と実際に作業を行う時間を比べた結果、実際に作業をしたほうが早く終わると考えました）。

バッチファイルの中身は次頁に示したような内容です。会議の前に、このバッチファイルに向かって会議資料が入っているフォルダをドラッグ&ドロップすると、バッチファイルに記載された先生方のフォルダの中に、複製されていきます。この作業を行うことで、不快感をもっていた先生も納得される仕組みが実現できました（なお、「共有フォルダへのパス」を環境に応じて変更し、「先生1」などの名前をフォルダの名前と一致させることで、だれでも使うことができます）。

ただ、個人的にはファイルの形式をはじめからPDFに変換してから共有すれば、他人が改変することはできないので、このような工夫も不要だったのでは……と時折考えることがあります。先生方の個人名の入ったフォルダすべてに複製するという思想は紙の時代の配布と何ら変わりません。本来、「ファイルを共有する」ということの意味は、たった1つのファイルを多くの人が閲覧する機能ですが、共有フォルダに同じファイルがたくさんあるので、ファイル名で検索すると、すべて複製されたファイルがヒットしてしまいます。さらに、将来的には容量も心配になってきます。文

```
@echo off
if %1.==. goto err
set dn=%1
set dn=%dn:"=%
set dn=%dn:/=¥%
if "%dn:～-1%"=="¥" (set dn=$dn:～0,-1%)
:loop_dn
set dn=%dn:*¥=%
if not "%dn:*¥=%"=="%dn%" (goto loop_dn)
xcopy %1 /S /V /F /H ¥¥共有フォルダへのパス¥先生1¥%dn%¥
xcopy %1 /S /V /F /H ¥¥共有フォルダへのパス¥先生2¥%dn%¥
xcopy %1 /S /V /F /H ¥¥共有フォルダへのパス¥先生3¥%dn%¥
xcopy %1 /S /V /F /H ¥¥共有フォルダへのパス¥先生4¥%dn%¥
xcopy %1 /S /V /F /H ¥¥共有フォルダへのパス¥先生5¥%dn%¥
goto end
:err
echo コピーするファイルを指定して下さい。
:end
pause.b
```

先生方のフォルダにファイルを自動でコピーするバッチファイルの中身

字だけの資料であれば数百KBで済みますが、画像などが含まれていると1つのファイルだけで数MBまで膨れ上がります。

以上のことから、今回課せられた工夫は、一時的なものだと考えています。いつかこの作業すら、本当は無駄ではないかと多くの先生方が気づいたその時、本当の意味でのペーパーレス化が実現すると思っています。

## 保存先騒動と味方の出現

今回実現した職員会議資料のペーパーレス化に向けて、まだ1つ、問題が残っていました。先述したように、勤務校では教員に対して、タブレット端末1台と、ノートパソコン1台が配備されています。この2台の端末間では、特殊な操作をしなければファイルのやり取りができません。これは、授業中に教員がタブレット端末を使っているときに、うっかり成績のファイルを開いてしまうといった事故を防ぐためです。

では、ペーパーレス化した職員会議の資料は、どちらの端末から閲覧するのが便利でしょうか。僕は、タブレット端末だと考えます。学校行事に従事する際、教室や体育館などで資料を開くことがよくあり、校内で持ち運ぶのは、タブレット端末のほうが便利だと思うからです（むしろ、ペーパーレス化のためのタブレット端末ともいえます。生徒が使うデジタル教科書も、電子書籍も、ノートパソコンではなくタブレット端末からの利用が前提のコンテンツです）。

ところが当時の管理職の先生が、ペーパーレス化した際の会議資料のファイルの保存先を、ノートパソコンからアクセスできる共有フォルダにしようと発言したのでした。

これには2つの理由がありました。1つは、多くの先生方が、タブレット端末ではなくノートパソコンで職員会議の資料を作成していることです。タブレット端末とノートパソコンの2台セットに移行する際、これまでの校務で作成したデータはノートパソコンからアクセスできる共有フォルダに保存されています。端末環境が変わったあとも同じファイルを開いて作業するためには、ノートパソコンを使うほうが都合が良かったのです。職員会議のたびに、ノートパソコンのファイルをタブレット端末から見られる領域に移す手間がかかるのは負担ではないかと考えたのでした。

もう1つの理由は、タブレット端末本体に職員会議資料を保存したまま端末を持ち帰った際に、万が一、紛失すると情報漏洩の恐れがあります。タブレット端末から職員会議資料を見られるようにしたがために情報漏洩が起こってしまうリスクは、ゼロではないという考えです。もしそれでもタブレット端末に資料を保存するのであれば、タブレット端末は持ち帰れないというのです。

しかし、よく考えてみるとおかしな話です。県立高校では、生徒のテストの答案は個人情報であるものの採点のための一時的な持ち帰りを許可しています。個人情報が含まれないにも関わらず、職員会議資料が入ったタブレット端末の持ち帰りを許可しないということは、テストの答案よりも厳しいルールが課せられることになります。本当にセキュリティ上の安全を考えるのなら、テストの答案も持ち帰りを禁止すべきです。それに、職員会議のペーパーレス化を実現するための手順として、ファイルを保存する先はタブレット端末本体ではなく、タブレット端末から利用できる共有フォルダ内と決めて（そのためにバッチファイルで全員分複製までして）います。にもかかわらず、タブレット端末本体に資料が保存される前提で語られると、話がかみ合いません。

この点に関しての矛盾点を、僕からではなく主任の先生から管理職の先生に伝えていただきました。話し合いは3日間かかりましたが、最終的には僕の提案どおり、タブレット端末から閲覧できる共有フォルダに保存されることになりました。

あとから聞いた話ですが、管理職としては学校の安全を守る上で、セキュリティを徹底しなければなりません。そのためには、例えゼロリスク思考だと言われたとしても、安全な職場環境を優先しなければならないと話していたそうです。今日の教育現場はメディアでの炎上リスクと常に隣り合わせです。この緊張感は、確かに管理職でない僕には実感できていなかったなと思います。

## 電子化から1年経って

職員会議資料のペーパーレス化が実現してから1年以上が経ちましたが、特に重大な問題は起こっていません。情報漏洩事件も一切発生していません。

まれに議題担当の先生が、配布前のフォルダに資料を入れ忘れることがあります。ＩＣＴ担当がバッチファイルで先生方のフォルダに複製したあとにそのことに気づきます。管理職の先生が大慌てでプリンターに走り、人数分印刷する……というようなこともありましたが、他の先生方はすでに配布前の大元の共有フォルダの場所を知っていて、各自で開いたり、自分のフォルダにコピーしたりして対応されています。

タブレットの操作に不慣れだった先生方も、周囲に助けてもらいながら徐々に慣れつつあります。トラブルがちょくちょく起こりますが、先生方皆さんで助け合いながら、ペーパーレスの職員会議が続いています。ちなみに、かつて印刷された資料が大量に並べられていた机には職員会議の出欠確認用名簿だけが置いてあり、自分の名前に○をつけに行くという作業のみが紙として残っています。僕としてはこの紙もＷｅｂのフォームなどを利用したいところですが、職員会議の資料そのもののペーパーレス化には成功しているので、進言を控えています。出欠の確認もペーパーレス化が実現するまでには、あと数年はかかりそうです。

１年がかりで進めてきた職員会議資料のペーパーレス化はＤＸのほんの入り口にすぎません。これからやりたいことがまだまだたくさんあります。僕はＩＣＴ関係の分掌に所属しているものの、一人の力では何も動きません。しかし、分掌主任の先生はGIGAスクール構想やタブレット端末の活用について、僕とほぼ同じ考えです。心強い味方がやっと一人できました。いよいよ始まる予感がします。

## Teams 導入物語

２０２０年12月、僕が勤務する県ではMicrosoft社と包括契約を結びました。そしてこの契約の連携・協力事項の最初に「（1）デジタルを利用した学校教育に関すること」が盛り込まれました。ＩＣＴ研究校に指定された高校にはタブレット端末（Surface Go2）が生徒一人一台整備され、活用が始まっていました。こうした状況にもかかわらず、勤務校ではオンライン授業は実施されず、ＩＣＴを勉強に活用することなど許されるものではありませんでした。生徒がタブレット端末を授業中に活用することなどは他人事のようで、自分の仕事を余計に増やしてまで取り組むことではないという空気感でした。

ちなみに僕は、この包括契約の発表がある前から、県は Microsoft のサービスを GIGA スクール構想に合わせて活用していくのではないかという予想をしていました。というのも、２０１９年に教員用のタブレット端末として初代 Surface Go が配備されたときに、一緒に Microsoft アカウントが全職員に配備されたからです。個人的には、iPad をすでに活用していたために「できれば iPad が配備されたらいいのにな……」と考えていましたが、Surface Go の配備から今後の方針を悟りました。Microsoft と言えば Windows をはじめ、Word や Excel などの Microsoft Office 製品を販売していることで知られているメーカーです。『教師の iPad 仕事術』では主に iPad の活用について書きましたが、Microsoft の快進撃にも注目していました。特に iPhone・iPad 用の Office アプリをリリースしたことは個人的にも嬉しく、今後の Microsoft のサービスは iPad からでも十分活用できるのではないかと思っていたのです。

## Microsoft の「Teams」とは

企業では今、メールからチャットツールへの移行が盛んだそうです。Slack や Chatwork、LINE WORKS などが有名です。LINE のトーク画面でやり取りするように、職場の同僚とやり取りするのです。@をつけてメンションしたり、ファイルを添付できたりと、SNSを使いこなす世代に適用されたコミュニケーションツールといえます。Microsoftでは Teamsというチャットツールを提供していて、Teamsを活用すれば、教職員同士や教員と生徒などが、個人のスマホなどを利用してやり取りができるようになります。県がMicrosoftと包括契約を結んだのなら、是非とも勤務校で Teamsを利用したいと考えました。

一部の学校では、職員間の連絡を個人のLINEで行っている学校があると聞いたことがあります。仲の良い同僚同士でコミュニケーションを行うのであればそれも良いでしょう。しかし、LINEは電話番号やメールアドレスとは違い、アイコンやタイムラインへの投稿など、私生活の情報が多く載せられるSNSとしても機能しています。そのため、職場の人とLINEで友達になる(アカウントを交換する)ことに抵抗がある人もいます。しかし、Teamsなどのチャットツールを組織で導入すれば、プライベートはLINEで、仕事上のやり取りはTeamsでと、用途を分けることができます。また、生徒ともチャットツールが使えることはGIGAスクール構想実現への第一歩のように思えました。

## まずはセッティングから

教育委員会が教職員に対して Microsoftアカウントを付与したことで、すでにTeamsが使えるようになっていました。そのあと、教育委員会からの通知文書で、生徒用のアカウントが配布されることが知らされました。

生徒に配備されたタブレット端末はMicrosoft社製のSurface Go2でした。教職員に配布された初代Surafece Goよりも高性能となった次世代機種です。県がMicrosoftと包括契約を結んだ時点で察しがついたのですが、生徒一人ひとりのMicrosoft用アカウントを学校で整備して配布し、タブレット端末を扱うように設定されていました。つまり、Teamsに使うものと同じアカウントを使って、タブレット端末も活用するように設計されているということです。

同じMicrosoftアカウントを使うので、普段からTeamsを使ってMicrosoft製のツールに慣れておけば、生徒にとっても先生方にとってもタブレット端末を利用するハードルが下がると僕は考えました。それなら、いつか配備されるであろう全員分のタブレット端末が整備されるよりも先に、学校全体でTeamsに慣れておいた方が都合が良くなるとも見込んだのです。

ところが、教育委員会から配られた生徒用アカウントに登録された名前は、実際の生徒の氏名ではなく、「○○高00001」、「○○高00002」という名前でした。この表示名は、Teams上にそのまま表示されます。幸いなことに教職員のアカウントは氏名が表示されましたが、生徒の名前が表示されないとなると、どの生徒にどの番号を割り当てたのかを考えながらTeamsを使うことになってしまいます。それでは不便だろうと思ったので、生徒のアカウント名を氏名に変更しようと考えました。

考え方は至って単純で、1年1組から3年6組（勤務校は3学年とも6クラス）までで通し番号を作り、そのまま順番に割り当てました。そして、名前の変更作業を行いました。当時はまだ教育委員会も生徒の名前の変更方法について、手順の作成が追いついていなかったので、僕は全校生徒一人ひとりの氏名をすべて手動で変更しました。氏名そのものは名簿のExcelファイルからコピー

&ペーストするだけでした。作業は、慣れてくれば一人当たりおよそ40秒ほどで終われるようになったので、一日200人分の設定を目標とし、1学期の中間考査が行われた日程の午後に行い、3日かかりました（後に県教委からスクリプトで氏名を一括で変更する手順書が配られましたが、実際に勤務校でTeamsの運用を開始してから手順書の配布まで間があったので、僕が身を粉にして手作業した分は、勤務校が他校より早くTeamsの運用を開始できたというアドバンテージで納得しています）。

何よりTeamsを早く先生や生徒に使ってもらうこと。実際に使ってもらって、その良さをわかってもらうこと。使う時間が長ければ長いほど、その良さをきっとわかってもらえると確信していたので、その一心で作業に打ち込みました。

## 自分の所属学年から導入開始

Teamsの導入を進めようとした2021年は、僕は昨年度とは違う学年に配属されました。僕を自分の学年に引っ張ってくださった学年主任の先生は、ICTの専門家ではないものの、その可能性を理解してくださり、保護者宛の文書や、生徒が自分のスマホにTeamsをインストールし設定するためのマニュアルもつくってくださいました。マニュアルなどは本来なら僕の仕事だと思っていましたが、Teamsを一日でも早く導入できるように環境整備に集中させてくれたのです。

この頃から管理職は、僕が配属された学年の学年主任の先生に「こういう（ICTを活用することを進める）ことは、魚住先生を中心に進めてください」と学年主任に進言するようになったそうです。僕がこの言葉を直接うかがったわけではありませんが、この頃から、管理職の先生が僕のことを少しは認めてくださったのだと思いました。状況からして「これまでＩＣＴの活用をあれだけ拒んでおいて、どの口がいっているんだ」と感じてもおかしくないのですが、少なくとも僕は、教育へのＩＣＴの導入作業をやらせてもらえるのなら、全く気にもなりませんでした。

学年単位で動くということは、他の学年が導入に反対したとしても自分の所属学年だけは導入できるというメリットもありますが、同時に3学年の中で1つの学年でしか運用されないというデメリットもあります。この頃から管理職は「やれるところからどんどんやりましょう」と発言するようになりましたが、逆の意味からすれば、ＩＣＴに前向きではない学年は導入をしなくてもよいことになってしまいます。最終的なゴールは、学校全体でTeamsを活用することです。

## Teamsのチームを作る

Teamsのアカウントの整備が終わり、次に行ったのが、チームの整備です。Microsoft Teamsは、ユーザーが「チーム」と呼ばれるグループに参加し、その中にあるチャネルの中でコミュニケーションを取り合う形です。教職員アカウントであればチームを作成する権限をもっているので、だれもがチームを作成することができます。

まずはTeamsの良さを知ってもらうことが先決なので、僕が1年1組から3年6組までのすべてのクラスのチームを作成しました。チームの管理者には、同じ分掌の先生方と、管理職の先生方のアカウントも登録しました。僕以外の先生でもチームの管理ができるようにするためと、管理職の先生方にも、Teamsの中で教員と生徒がどのようにやり取りをしているのかを把握していただくためです。また、職員だけのチームも作成し、勤務校のすべての先生方に入ってもらうことを目標としました。

所属している学年では、学年主任の先生が学年団の先生方に「Teamsを積極的に使っていきましょう！」と宣言されたので、導入が積極的に進みました。教職員用のタブレット端末にTeamsをインストールするマニュアルも一応作成しましたが、ほぼ全員のインストール作業を僕が代理で行いました。学年団のチームも作り、学年の先生方同士のやりとりがTeams上にも残るようにしました。

僕がこの作業を行っている間に、同じ分掌の先生方が、他の学年の先生方のタブレット端末へのアカウントの設定作業を行ってくださっていました。僕が「Teamsを使おう」と言い出し、自分の学年で始まったことなので、その方針に乗っかってくださって他学年の作業までしていただけたことに、本当に感謝しています。

## 「慎重に」の裏にあったもの

過去に僕が管理職から大きな声で叱責を受けたあと、教職員組合に加入されている先生が叱責について管理職にご意見を伝えてくださったそうで、それ以来僕は管理職から直接強い言葉を受けることは無くなりました。その代わり、分掌主任の先生や学年主任の先生に対しては、「ＩＣＴの活用は慎重に検討するように」という言葉を事あるごとに伝えてきたそうです。

ある時、分掌主任の先生と学年主任の先生が、校長室に呼ばれました。お二人は校長先生から直々に、「Teamsで生徒同士でやりとりできるとなると、トラブルが起こる可能性がある。学校が用意したものによってトラブルが起こるのはいかがなものか。まずはよく検証してから導入したほうがいいのではないか」とおっしゃったそうです。

Teamsを学校として活用するにあたり、学年主任の先生が保護者宛の文書を作成しました。保護者宛の文書は差出人が校長なので、文書を起案し校長先生に決済していただく必要があります。校長先生は、これまで校内での使用を禁止してきたスマホを、家庭での利用とはいえ学校生活の一環として使用することを自分の名前で保護者にお願いすることになるので、決済することにかなりの抵抗を感じていらっしゃいました。勤務校ではこれまで、スマホに触れないようにして一切の問題を回避してきました。学校生活でスマホの活用を認めないという方針でいる限り、何かトラブルが発生した際には学校側には何も責任を求められず、「本校ではスマホの利用を禁止している」の一点張りで通せるという考え方です。

決済に躊躇する校長に対して、学年主任の先生は、「県がMicrosoftと包括契約を結んでお金を払っているのに、使わない、活用しないという選択肢があるのですか」と強く出てくださいました。この訴えが功を奏して、始められる学年からTeamsの利用を開始していくことが決まりました。

僕がこの一連の話を聞いて特に気になったのは、校長先生がおっしゃった「**慎重に検討する**」という言葉の意味でした。

「慎重」とは、「注意深くて、軽々しく行動しないこと」という意味です。

「検討」とは、「よく調べ考えること。種々の面から調べて、良いか悪いかを考えること」という意味です。

つまり、「慎重に検討する」とは、注意深くよく調べ考えて、軽々しく行動せずに良いか悪いかを考えることです。昨今の政治家を見ると、良いとも悪いともあえて明言を避けて、問題を先送りしているようにしか思えてなりませんが、校長先生はきっと定年退職されるその日までの間、ゆっくりと時間をかけてTeamsの運用について考えたかったのではないかと推測しています。

## 端末の活用促進につながったポイント

現在、わが県の県立高校には、タブレット端末がすべての生徒に一人一台、配備されましたが、その前段階として、各学校に数十台の端末が試験的に導入されていました。

僕の所属していた学年では、この先行で配備された80台のタブレット端末を積極的に使おうとしてくれました。生徒のスマホにTeamsをインストールしたり、アカウントを配布してサインインする作業をロングの時間に行い、全クラス一斉に設定作業を行わせようとしてくれたのです。配布されたアカウントでサインインができるかどうか、僕が設定したチームがサインイン後に表示できるかどうかを確かめながら作業を進めました（この日にスマホのデータ通信が低速になってしまっていたり、フィルタリング機能によりアプリのインストールに保護者が設定したパスワードが必要だった生徒は、後日対応しました）。

その後しばらく、配布したMicrosoftアカウントの用紙を紛失した生徒が次々に僕のところを訪ねてきました。大切な紙だからスマホで写真を撮るなりして、紙を失くしても困らないようにさせたり、入力したパスワードをメモアプリやパスワード管理アプリなどにコピー&ペーストさせて、これ以降アカウントとパスワードで困らないような工夫も生徒に伝授しました。現在も、稀にパスワードがわからなくなったという生徒が僕を訪ねてきますが、こうした小さなことにも丁寧に対応し続けることが、タブレット端末やTeamsの活用の促進につながると信じて対応しています。何より困っているのは生徒本人ですから、「ICTで困ったことが起こったら魚住先生を頼る」という図式を作ることができたのも良かったと思います。

それと、本校では「Teamsを導入する前の2020年度からロイロノート・スクール（以下ロイロノート）を導入していました。ロイロノートには専用のアカウントがあるので、Teamsも活用するとなると生徒が管理するアカウントが増えることになります。もしもタブレット端末でロイロノートを使うとなると、タブレット端末にサインインするためにMicrosoftアカウントを使い、ロイロノートにログインするためにロイロノート用のアカウントを使うことになり、生徒にとって非常に手間です。

このログインの手間を省くために、ロイロノートのシングルサインオンを利用することにしました。シングルサインオンとは、他のサービスのアカウントを用いてログインする機能で、ロイロノートも設定さえすればMicrosoftアカウントでログインできるように設計されていました。しかし、この設定は、ロイロノート側の設定と、Microsoftアカウント側の設定の両方が必要で、Microsoftアカウント側の設定は教育委員会のみが行えるものでした。僕は「Teamsを整備するタイミングで教育委員会に連絡し、シングルサインオンのための設定をしていただくよう懇願しました。結果、教育委員会側も「タブレット端末を積極的に活用してもらえるのなら」と快く作業を引き受けてくださり、生徒はタブレット端末にMicrosoftアカウントでサインインしたあと、追加でログイン作業を行わずにロイロノートを開くことができるようになりました。こうした活用時のハードルを下げることに尽力することも、端末を積極的に活用してもらうためには必要な作業だと僕は思っています。

## 導入後記

Teamsを導入してから時間が経つにつれて、徐々に他の学年の先生方も活用してくれるようになってきました。クラスのチームにお知らせ事項や掲示物の写真を掲載したり、夏休みや冬休み中にお知らせを投稿する先生が増えてきました。休み中にクラスの生徒全員に何かを伝えるとなると、これまではすべての生徒に一件一件電話で連絡するか、生徒のだれかに連絡し「このことをクラスのLINEグループで伝えてほしい」とお願いするしかありませんでした。Teamsという新たなコミュニケーションツールを学校側が整備することで、活用の幅が広がりました。クラスのチームに生徒が不適切な書き込みを行った際も、すぐに指導を行うことができました。Teamsを整備したとしてもプライベートのLINEグループがなくなることはないと思いますが、教師が目を光らせている場でのコミュニケーションの練習の場として、Teamsなどのツールは最適だと僕は感じています。

「学校はスマホと関係ないのだから」と臭いものに蓋をして放っておいて、何か問題が発生したら、「そんなものを使うのが悪いんだ」とスマホのせいにする。そんな時代がやっと終わりつつあります。かつて情報モラルなんていう言葉もありましたが、ICTは今ではすっかり日常的なツールになりました。今の子どもたちは積極的にTeamsを活用してくれています。稀に、こちらがまだ把握していない機能について教えてくれる生徒もいるくらいです。生徒の新しい環境への適応力は、目を見張るものがあります。僕自身も、置いていかれないように毎日必死です。

人間は本当に欲深いもので、Teamsを便利なツールとして活用できるようになると、ただの連絡ツールだけでなく別の使い方もできないかと、活用の幅を広げたくなってきました。Teamsをどんなことに使うようになったのか。これについては、次の章で語ることにしましょう。

## コラム

### デジタル化とDXの違い

ここでデジタル化とDXの何が違うのか、改めて考えてみます。

例えば、メール。メールは、郵便配達の仕組みをデジタル化したものです。インターネットの初期から愛用され、専用のプロトコルまで用意されています。しかし今になって考えると、これまで紙でやってきたことを、仕組みもそのままデジタル化されただけだということに気づきます。

スマホが登場するまで、携帯電話ではメールを使ってメッセージを送り合っていました。今ではLINEなどのSNSのメッセージ機能を使うことが多くなりました。僕もまだ一部ではメールを使うものの、通販サイトの注文確認や、企業とのやりとり、オンラインビデオ会議のURLの受け取りくらいにしか使わなくなりました。人とのやりとりはほとんどメッセージアプリです。一昔前まで使っていたメーリングリストも、いつの間にか使われなくなりました。今ではグループでのやりとりはチャットツールを使うことがほとんどです。

人類はコンピュータを発明してから、あらゆるものをデジタルで表現しようと試みてきました。手紙をメールに、長期保存の文書をドキュメントファイルにと規格を決めて、運用してきました。ここまでがデジタル化です。身の回りの書類をすべてスキャナーで取り込んでiPadで閲覧したり、Apple Pencilで注釈を書き込むのも、これもまだデジタル化の

## コラム

段階です。

つまり元々印刷していたものをコンピュータ上で処理しようとするだけでは、紙を使っていた頃と比べて、考え方そのものはあまり変化していません。

一方ＤＸは、デジタル化の先にある、新たな考え方です。スマホが世界中で普及したことでＤＸが徐々に進み、ようやく定着しつつあるものです。

例えば、ＤＸによって学級通信が過去のものになります。学級通信は元々、情報を紙にまとめて印刷して、手に取って見てもらうという情報の伝達手段です。作成者がコンピュータを使いデジタル化することで、確かに作成にかかる時間が大幅に削減できたものの、レイアウトは紙の時代の考え方のままです。Ａ４サイズというレイアウトはスマホの画面にはアスペクト比が合わず、内容が読みづらいものになってしまいます。また、学級通信を紙に印刷していた時代は印刷の手間やコストを考えて、印刷面が埋め尽くされるほどの情報量が必要でした。しかし実際につくってみると、伝えたいことだけでは情報量が足りずに、余白を埋めるために挿絵を入れることなどもあります。

ＤＸが実現した今、生徒に伝えたい情報は、その情報だけを素早く伝えることができます。Teams や Google Classroom などにお知らせ情報を投稿すれば、それだけで情報が一瞬で伝達されます。Word や Pages や Document で学級通信をつくるという文化は、紙に印刷する必要さえなければ完全に過去のものになるでしょう（紙に印刷する必要があるか

## コラム

どうかの判断は、54ページのコラム「コストと主体性の関係」を参考にしてください）。

こうした観点から勤務校でのDXを振り返ると、DXといっておきながらデジタル化の段階で止まっているものも、まだまだあります。職員会議資料の電子化がそれです。DXの考え方でいえば、紙に印刷する必要がなければ、Wordでつくったものを PDFにする必要はありません。それよりもTeamsに文字情報を投稿したほうが、画面の大きさに縛られずに情報を共有することができて、修正もすぐに適用されます。デジタル化止まりのPDFだと、修正がある度に作り直して配布し直すことになるので、電子化といっても結局やっていることは紙の時代と大して変わりません。情報を「PC上のファイル」という単位に縛られなくなって初めて、DXが達成できたといえると思います。

学校で働く先生方がこの考え方にシフトするのに、どれくらい時間がかかるかわかりませんが、すべてをデジタルで行うことで見えてきたこの感覚に、一日でも早く慣れてもらえるよう、僕は今後もDXを推進し続けたいと思います。

# 3

# まずはここからDX

## デジタル体温記録の実施

２０２１年7月12日に4度目の緊急事態宣言が発令され、8月27日にはわが県にも対象地域が拡大されました。これに合わせて、勤務校で9月上旬に予定していた学校祭も中止し、体育祭のみ時期を延期して行うことが決まりました。

そんな中で養護教諭の先生から、生徒が計測した過去の体温の記録を蓄積できないかしらという相談がありました。勤務校では手帳型の生徒手帳を採用しており、週間スケジュールのページに、毎日の体温を記録する欄が設けてありました。それを毎朝目視で確認するという方法で、担任が生徒の体温を把握していました。

ただし、1クラス40人の生徒の生徒手帳に今日の体温が書かれているかを、実際に担任一人の目で確認することは、相当な労力がかかります。コミュニケーションの形態としては最も時間と労力がかかる「ローカル＋同期」です。朝のショート（朝礼）では、生徒に伝えなければならない連絡事項が多くあるため、すべての情報を伝えつつ出席者全員の体温をその場で確認することは、とても現実的ではありません。

体温の記録をデジタル化することができれば、コミュニケーションの形態を「ローカル＋同期」から「リモート＋非同期」にすることができ、また「1対1」から「多対1」にもすることができるので、効率が格段に上がります。さらに、養護教諭の先生が望まれていた過去の記録の蓄積もできるようになるので、要望に応えることもできます。過去の記録を蓄積していくことで生徒の状況を把握しやすくなり、何かが起こったときに迅速に対応できるようになるのです。

## Teamsでやるか、ロイロノートでやるか

これまでアナログでやっていたことをデジタル化するとなると、どのシステムを使うのかが最初のポイントとなります。この事例では、体温の記録にMicrosoftのアプリを使うのか、ロイロノートを使うのか、どちらかに決める必要がありました。他の事例を探してみると、両方の活用例がネットなどで報告されていました。どちらを使っても実現はできますが、授業中のデータのやり取りや宿題の提出などはロイロノートで、クラスへのお知らせ配信や部活動での情報共有などはTeamsで行なっている学校が多いようでした。体温の記録は授業ではなくクラスでのことなので、Teams上で実装するほうが受け入れられやすいのではないかと考えました。

仕組みは至って簡単なものです。体温や健康状態、家族の中に体調不良者がいるかなど、県教委が示した登校を控える条件に当てはまるかどうかを答えるための質問項目を用意して、Formsを使ってアンケートフォームを作成しました。それを全クラス分用意し、集計用のExcelファイルへのリンク集も用意しました。割と単純な作業なので、項目さえ決めてしまえば、それをすべてのクラス分、用意するだけで済みました。あとは、クラスごとに作成したアンケートフォームをTeamsのクラスのチームに割り当てるだけで、生徒のTeamsの画面に表示されるようになりました。生徒は、スマホでTeamsを開き、自分のクラスの一般チャネルからフォームにアクセスすると回答画面が表示されます。試しに帰りのショート（終礼）で生徒にスマホでTeamsを開いてもらい、実際に体温を入力してもらうと、ほとんどの生徒が「これなら簡単」「毎日やれそう」と言いながら操作を覚えてくれました。

教員間での考え方の違い

ここでも苦労したのは、やはり、担当した作業そのものではありません。先生方から生徒へ利用を促してもらい、先生方に使っていただくことでした。担任が「使おう」と思わなければ、生徒が使うようにもなってくれません。執筆時点での現状を正直に申し上げると、Teams内でFormsを活用した体温の記録は、すべての学年・すべてのクラスで実施できていません。担任の中には、生徒手帳に手書きで書かせたものを持参する従来の方法でやられている方もいます。一度それで朝のルーティンが固まってしまったら、変えづらいそうです。

また、教員の中には、「生徒が登校している時点で体温は正常のはずだ」と信じている方もいました。県教委からの通知で、体調不良があらかじめ判明している場合は登校を控えるようにと、生徒に伝えている。朝起きて体温を測り、熱が出ていたらそもそも登校しない。生徒が登校している時点で体温は高くないはずで、もし体調が悪くなれば早退すればよいのではないかという考え方です。

ここは教員の中で考え方が大きく分かれて、養護教諭の先生の思いを汲んでくれた先生は積極的にTeamsを使って記録させ、そうでない先生は体調不良者が出た際にだけ対応するようになっていきました。僕が後者の考え方で危惧しているのは、体調が悪いのに体温を測らず登校し、後に保健室で検温して高熱が発覚することに対応できないことです。もしも記録を徹底させるために毎朝体温を測らせていれば、生徒が登校する前にFormsに体温が記録され、担任が気づくことができます。仮にその生徒が無理して登校してしまっても、すぐに早退を促すことができるのです。中には自腹で非接触型体温計を購入して教室で検温していた先生もいらっしゃいましたが、先ほどと理由は同じで、熱があるにもかかわらず登校してしまった生徒は、すでに教室に入ってしまっています。朝の検温結果を自宅でデジタルで記録する。これを生徒に徹底させることを進めたほうが、生徒も教員もどちらも少ない労力で目的を達成できると僕は信じています。

## どちらがメリットが大きいか

Formsで生徒に体温を入力させると、最終的にはExcel形式のファイルへ保存され蓄積されていきます。生徒名や時間などと一緒に体温が記録されるので、各項目でソートができます。関数を使って工夫すれば、グラフを作成してデータの傾向を読み取ることもできます。

今回紹介したTeamsとFormsを連携した体温の記録は、養護教諭の先生と、僕が所属している学年の学年主任の先生で話し合い、仕組みづくりの依頼を受けました。僕自身が提案したことではありませんが、少なくとも僕の学年では積極的に使ってもらえました。あまり普及が進まないときには、学年会でそのことが話題になり、「活用していこう」という流れになっていきました。中にはこのことが面倒だと感じている先生もいましたが、最終的には学年の方針ということで納得いただけて、現在では修学旅行前の健康観察も併用するほどに定着しつつあります。

県教委から出された登校前の検温の指針、デジタルで記録することの有用性、これらを組み合わせた結論とメリットを順番に話していけば、きっと導入に納得していただけると僕は信じています。一人でも多くの生徒が安心して学校生活が送れるようにと考えた仕組みです。まだ紙に記録させている学校がありましたら、自分たちの手間を省くためにも、生徒らの安全を守るためにもデジタル化を進めてみてはいかがでしょうか。

## 修学旅行で安全に帰ってくるために

僕がこのとき所属していた学年では、Teamsやロイロノートの活用への理解があり、他学年よりも積極的に使おうという姿勢でした。管理職も、僕だけでなく学年全体の理解があるならと、「やれるところから始めていこう」という方針を示していました（逆にいえば、やらないところはやらなくていいという意味にもとれますが）。

学校全体での取り組みとなると、他学年との調整に時間がかかりますが、一つの学年だけまず新しい試みを取り入れることは学年主任次第で、案外スムーズにいきます。この点でいうと、この時所属していた学年主任の先生はＩＣＴの活用に本当に理解がある方で、僕のようにＰＣ操作に長けているわけではないものの、どのように活用すれば何が便利になって、逆にどんな場面では使わないほうがよいのかもわかってくださっている先生でした。

その学年で常々話題にしていたのが、校外で活動するときのスマホの扱いでした。その頃の勤務校では、まだ生徒のスマホを毎朝回収し、職員室で保管していました。校則を遵守するのなら、遠足や校外学習等で生徒が学校外で活動する際も、校内の規則と同じようにスマホの利用を禁止すべきでした。しかし校外での活動は普段の学校生活とは違い、生徒の行動範囲が広くなります。緊急時には生徒本人に連絡することもあります。普段の学校生活とは違う場面でも校則を遵守することにこだわると、不測の事態に対応できない場合もあるのです。この「ルールを守りすぎることで起こる矛盾」に気づいた学年主任の先生は、「便利な道具はむしろ便利に使おう」という方針を学年で共有しました。

この学年で、特に修学旅行でのスマホの活用が印象的だったので、お話したいと思います。

## スマホOK、SNSもOKに

コロナ禍での修学旅行は、とにかく感染対策に細心の注意を払いました。勤務校では、修学旅行の行き先が沖縄というのがアピールポイントの一つでしたが、修学旅行の時期には沖縄での新型コロナウイルス感染者数が増加してしまい、行き先を広島・神戸・大阪に変更することになりました。受け入れ先のホテルでは黙食の徹底などの感染対策が要求されました。ホテル側としても感染者が出てしまったらそれ相応の対応をしなければならなくなるので、当然のことだったと思います。

学校側も、管理職、学年主任、養護教諭、修学旅行担当で緻密に打ち合わせを行い、どの場面で感染者が発生したらだれがどのように対応するのかを、かなり細かく想定して計画を練りました。

ここですべてを語ることはできませんが、修学旅行の直前に抗原検査キットを使用して陰性であることを確認すること、当日の朝から最終日までの朝晩の体温を記録することを修学旅行に行く生徒全員に求めました。

修学旅行には教員にも生徒にも「しおり」を配布することになっており、しおりの巻末には健康状態を記入し、切り離して提出するページ（健康カード）が設けられています。しかしコロナ禍で体温や体調に気を配る頻度が以前よりも増えた今では、これまで想定していた枚数では全く足りませんでした。

そこで、体温や体調の記録を、生徒にスマホから入力させることにしました。これまでもこの学年ではFormsを利用して毎日体温を記録させていたため、生徒も負担を感じることなく実施できました。ただし修学旅行では、体温の提出にはいつものFormsとは違って、ロイロノートの出欠カードを利用しました。Formsを利用すれば集計結果をExcelで閲覧できるという利点もありますが、修学旅行中は教員もスマホで記録をチェックすることが多いことを考えて、スマホからも操作しやすいロイロノートを使うことにしました。その代わり、生徒への連絡などはこれまで通りTeamsを活用することにしました。どちらかのアプリだけを使うことに固執せず、それぞれの便利な部分を効率良く利用しようというのがこの学年団の考えです。非常に合理的です。

修学旅行中に生徒の体温記録を入力させるのなら、スマホの使用を認めていることにもなるので、修学旅行中のスマホの利用を全面的に認めることになりました。もちろんすべての場面で好き勝手に使ってよいわけではなく、最低限のルールを設定しました。例えば、「全体で集合していて先生が話しているときには使わない」、「写真を撮る際は相手の肖像権を守る」程度のルールです。

ＳＮＳの利用についても特に制限しませんでした。これまでの考え方なら、修学旅行中の写真をＳＮＳにアップしないことが普通だったかもしれませんが、「生徒がＳＮＳで情報を発信すれば、感染対策をしっかり行った上で楽しい修学旅行が実現できたことを世間にアピールすることができ、入学志願者が増えるのではないか」と発想を転換させました。

## 修学旅行こそスマホは必須

せっかくTeamsを修学旅行中にも使えることになったので、修学旅行のしおりをPDF化したものを生徒全員がスマホでも見られるようにTeamsで共有しました。YouTubeやゲームに使わせるよりも、連絡事項やしおりの中身を確認させることにスマホを使ってもらおうとしたのです。

ここまでの念入りな準備の甲斐もあって、修学旅行中は大きなトラブルが起こることもなく、無事に帰ってくることができました。そして、修学旅行中にスマホを積極的に活用したことで、これまで生徒の遊び道具でしかなかったスマホが大いに役立つ場面が多々ありました。

まず、搭乗員として同行してくださった看護師さんが、「健康観察が紙からデジタルになったことで、こんなにも便利になるなんて！」と大変驚かれていました。従来のやり方なら、各部屋の健康係に任命していた生徒からチェックカードを受け取り、手で紙をめくりながら生徒全員分を確認していました。それがスマホの画面をスクロールしていくだけで、記録の確認が終わりました。体調不良者も、記録の未提出者も、一目でわかりました。「ここまで効率化している学校は他に見たことがない」ともいわれました。

さらに、2日目の神戸自由散策の日、午後から土砂降りの雨が降りました。これだけ聞くと不運なことに思えるかもしれませんが、これも好機でした。紙のしおりが役に立たなくなったのです。その代わりに、スマホが大活躍しました。近頃のスマホはほとんどが防水仕様なので、生徒は大雨の中でも今後の予定を確認することができました。バスの到着が予定より遅れそうなことも、Teamsを通して連絡を受け取りました。すでに集合場所に到着している先生にGoogleMapで位置情報を共有してもらい、目的地がわからない生徒はその位置情報を頼りにマップアプリのナビを使うようにもアドバイスすることができました。

世の中まだまだ生徒にスマホを使わせることに否定的な意見も多い中、この修学旅行では生徒がスマホを使ってくれたおかげで、コロナ禍の修学旅行を無事に遂行することができました。

## ルールと線引きを明確に！

帰着後に生徒に実施したアンケート（任意回答、回答数81）では、「しおりが雨に濡れて文字が読めなくなったけど、スマホで見ることができた」、「急いでいるときにリュックの中からしおりを出すのが面倒だったので助かった」、「地図でピン留めされていて場所がわかりやすかった」、「時間の変更は口頭で伝えられても忘れてしまうけど、Teamsに投稿されていると後から何度も確認できて安心できた」といった回答があり、生徒たちも、スマホを活用した修学旅行に対して満足度が高かったように感じられました。反省点がゼロだったとはいえませんが、スマホの利用に関しては問題が起こることなく、無事に終えることができました。

ただしこの成功の裏では、並々ならぬ努力も必要でした。元々スマホの利用に関して、ただ使うと便利だからという理由で、積極的に利用を推奨したわけではありません。校内で教師の許可なく利用した生徒には、厳しく指導しましたし、ホームルームでは生徒に対して雷を何度も落とし、学年集会を開いて全体に向けて指導したこともあります。折に触れて指導を継続していくことで、生徒たちも段々と、メリハリをつけて行動するようになっていきました。

便利なものを便利な道具として活用させるためには、使う側としてのモラルやマナーの教育が必要です。「ただ便利だから使おう」というだけでは、生徒たちはこちらが意図しない方向にも使おうとします（一方、一律に使用を禁止すると、「先生たちは、とにかく使っちゃだめってことにしたいんだな」と、スマホの指導に関する余裕の無さまで生徒に見透かされてしまいます）。大事なのは、何が良くて何がダメなのかの線引きを明確にすること、明確にした線引きを学年の先生方で共有して、ダメなところだけを徹底的に指導すること、普段の学校生活では校則を遵守させることです。

この学年ではＩＣＴに理解があり、厳しく指導した上で最先端を便利に使うという方針が非常に合理的でした。僕としても持ち味を最大限に発揮しつつ、生徒への指導にも貢献することができました。「修学旅行でスマホをフル活用したら便利だった」という表面上のことだけを取り入れてしまうと、学校によっては生徒を指導する機会が無駄に増えるだけで終わってしまうことも十分に考えられます。それでも念入りな準備や指導に覚悟がある先生方には、是非とも味わっていただきたい成功体験です。

## 4 てんやわんやの遅刻欠席早退フォーム

Teamsを導入してからというもの、Teamsを通して掲示物の内容を配信したり、「内容を見たら『いいね』を押してね」のように運用を工夫するクラスが徐々に増えてきました。これまでは教室でしか見られなかった配布物の内容をいつでもスマホで見られるようになったことが、生徒からも好評でした。

特に役に立っていたのが、生徒が登校しない夏休みでした。出校日や始業式が近づいてきたタイミングで日程や必要な持ち物などの情報をTeamsを使って生徒のスマホに配信することで、出校日の日付を間違えたり、必要な物を忘れてしまうという「出校日・始業式あるある」を防ごうという試みです。「リモート＋非同期」でも連絡ができるメリットが活かされていました。

ところで、家庭と学校の間の連絡のやりとりで一番多いのは、遅刻・欠席の連絡です。

わが県の県立高校では、教職員の勤務時間が朝8時30分からとなっています。そして事務室で働く事務員さんの勤務時間は9時からと設定されています。学校にかかってくる電話は基本的に事務員さんが受けてくださいますが、事務員さんの勤務時間が始まるまでは、教職員が電話をとることになっています。

職員室には固定電話が各学年の机の近くに1つずつ、教頭席の近くに1つ置かれていて、事務員さんの勤務時間外に外線がかかってきた場合、電話の近くにいる教員が電話を受けることになります。学校で契約している電話回線は2回線なので、2人が電話を受けている最中は話中の扱いとなります。朝の忙しい時間帯に保護者が電話を何度かけてもつながらない……そんな実態がありました。

欠席連絡をウェブから受け付ける。Teamsの導入が軌道に乗った今なら実現できるのではないか。そんな淡い期待を抱き始めました。

今やコンサートのチケットや人気商品の抽選販売の申し込みも、電話と並行してネットから行う時代です。また共働き世帯が増えてきた昨今、朝の忙しい時間帯に、保護者の方にわざわざ欠席の連絡をしていただくよりも、スマホを使ってぱぱっと入力できるフォームのほうが助かると思うのです。この方法が定着すれば、先生方にも保護者の方にも双方にメリットがあると考えました。

学校DXについて書かれた書籍『GIGAスクール構想で進化する学校、取り残される学校』（平井聡一郎編・教育開発研究所・2021年）でも、保護者による欠席連絡をウェブのフォームを使って受け付けることは、最も取り入れやすい案として紹介されていました（注）。

Teamsの運用を開始してから4か月が経ったこのタイミングでなら、実現できるのではないかと、このとき思ったのです。

ところが、いざ学校でそのシステムを実際に運用するとなると、話は違ってきます。管理職はもちろんのこと、同じ学校で働く先生方から理解を得て、認められた形で進めなければなりません。作業自体はできるものの、学校としてそのシステムを導入することのほうが難しいのです……。

（注）日本マイクロソフト株式会社の公式YouTubeチャンネルに、欠席連絡をウェブで行う動画が公開されています。実際の設定方法についても同社がマニュアルを公開しているのでMicrosoft社のツールを導入している学校にはおすすめします。

## 特に困っていないから電話のままで

実は、Teamsを導入したばかりの頃、職員のチームに僕が共有した内容について、分掌主任の先生が管理職から注意を受けたことがありました。

その投稿はTeamsを活用した導入事例を紹介する動画のURLでした。具体的には、Power Automateというアプリを Formsと連携させ、Webフォームに入力された内容をExcelにまとめつつTeamsに自動的に投稿させる仕組みを紹介していた内容です。僕はこの仕組みに感動し、他の先生方にもTeamsの応用力に興味をもっていただきたくて投稿しました。しかも、動画内で紹介されている仕組みをそのまま流用すれば、遅刻欠席早退の連絡フォームが作れる内容だったので情報を共有する目的もあったのです。

しかし、その投稿をしてから間もなく、分掌主任の先生が管理職に呼び出され、「一度に多くのことをやっちゃいかん！　特に欠席連絡は保護者の声が大事だ。そもそも朝の電話連絡は教頭が出るんだし、今のままで十分やれている。特に困ってない！」と指導を受けることになりました。先生方にTeamsの良さを少しでも知っていただこうと思い行動した結果は、直属の上司にあたる分掌主任の先生が受けた管理職からの注意でした。魚住の身勝手な情報共有が招いた結果でした。そのあとは主任の先生からは「気にしなくても大丈夫だから」と逆に気を遣わせってしまう始末。本当に申し訳ない気持ちでいっぱいになりました。

## 地道に根回しや説得を試みる

新しいことを実践しようとする度に管理職から叱責を受けて、何が正しいことなのか見失いそうになる日々が続きました。業務改善として、良かれと思って提案したことが頭ごなしに否定され、結果として管理職の逆鱗に触れる。こうして「新しいことはまず否定される」「リスクがゼロでなければチャレンジしてはいけない」という雰囲気が職員室で広がりました。

それでも僕は諦めきれませんでした。文科省が令和3年3月に公開した「全国の学校における働き方改革事例集」にも、保護者とのやりとりでフォームを使うことが紹介されていましたし、私立の学校のウェブサイトを見てみると、欠席連絡フォームが用意されているのを度々目にしました。学校ＤＸの導入事例を見ても、フォームの設置は最初のとっかかりとして紹介されているのです。せっかく県が予算を捻出して導入したTeamsを、更に活用しようという試みなのに。使わずに放っておいたまま、教員が電話に出続けることは、言い換えてみれば、県がMicrosoftにも教員にもどちらにも予算を割いていることになるんじゃないか！　と思うようになりました。

そこで再度、主任の先生から管理職に、一度導入について検討していただくよう懇願してもらうと、検討はしようという流れになりました。ただし条件付きで、各学年で行われる学年会でそれぞれ話し合ってもらい、もし概ね合意を得られたら検討を始めるというお話でした。要するに、みんながいいよといったら考えてあげてもいいよということです。

そこでまずは、自分が所属している学年の先生方に、根回しというか確認がてら、フォームの導入についてご意見を伺ってみることにしました。

すると有難いことに、僕の学年では導入に好意的な反応を示してくださる先生が多くいらっしゃいました。小学生の子どもをもつ先生からは、「今は小学校でも、とっくに連絡帳を廃止しているし、幼稚園でもアプリを使って連絡をする時代なんだから、この学校でも導入してくれたら、保護者の方たちはすごく助かると思いますよ」という心強い言葉がありました。他の先生方も、フォームの活用については割と肯定的で、特にお子さんがいらっしゃる先生方が、大変な子育ての中で電話連絡が少しでも減ってほしいという意見を述べていました。

今度は他学年の先生方がどう考えているのか把握するために、この件について他学年の学年主任の先生と、朝よく電話対応をしてくださっている先生に声をかけて、お話を伺うことにしました。

まず僕から、フォームを導入するにあたっての簡単な概要説明をして、学校DXを進めたいという気持ちや、小学校ではすでに導入されているという現状を話しました。すると他学年の学年主任の先生は導入に否定的な立場で、「安易な欠席が増えることが懸念されるし、サボりが出てしまっては結局担任が対応することになる。生徒指導案件が増えるリスクを考えたら、これまで通り電話で対応することのほうが時短になるのではないか」とおっしゃいました。よく電話に対応してくださっている先生も、口裏を合わせたように電話の大切さを説明し、「僕が積極的に電話を取りますから」と譲りませんでした。

これらの意見に対抗する材料もいくつか持ち合わせていましたが、この流れのまま話し合いを続けたのでは平行線になってしまう、ここで言い合ったとしても、導入のためにはならないと思ったので、この時は「そうですか、わかりました。残念です」と学年主任の先生と僕は引き下がりました。今は少しでも導入に対して賛成してくださる仲間の存在を増やすときで、争っている場合ではありません。この話し合いに時間を割いてくださったことに感謝をして、その場をあとにしました。

## 反対意見が続出

このやりとりのあと、各学年で学年会が開かれました。各学年で別々の会場に集まって、欠席遅刻連絡にフォームを導入することに対しての意見を述べ合ったわけですが、否定的な意見が驚くほど集まりました。主な意見は、

・生徒が勝手にフォームを利用して、簡単にサボれるようになってしまうのではないか
・これまで保護者に丁寧に対応してきたから、簡略化することには抵抗がある
・皆さんが朝積極的に電話に出たら問題ない
・自分たちが楽をしたいからといって、生徒指導の先生の仕事を増やすことには賛成したくない
・これだけの懸念事項が出てくるシステムなんて信用できない
・やっぱり電話連絡が安心できる

といったものでした。こうした意見が出ると、導入に否定的な考えをお持ちの先生方が更に意見を付けたし出して、導入反対の声がさらに強くなったように思えました。中には導入に賛成される先生もいましたが、数が少なかった印象を受けました。

人間は環境の変化に対して不安を抱くもので、会議で「忌憚のないご意見を」というと、どこか欠点がないかを徹底的に粗探しする人もいます。だれもが思いつかないような問題点を思いつくこ

とが快感となり、生き甲斐にしているような人もお見受けします。こうした環境では、新しい試みが徹底的に潰されて、組織全体が現状を維持することに一生懸命になります。文科省がGIGAスクール構想を進めたり、働き方を改革するという流れから考えると、真逆の方向です。

僕の学年以外から否定的な意見が相次いだ結果、一度導入が見送られることになりました。管理職の先生も、これだけ学年会で否定的な意見が集まるのならと、首を縦には振りませんでした。

## 「安易な欠席」への対策を練る

勤務校での導入に否定的だったご意見の中で、特に目立ったのが、「生徒が勝手にフォームを利用することで起こる安易な欠席」、いわゆるサボりを助長してしまうのではないかという懸念でした。逆に考えたら、この問題さえ解決すれば、導入が進められるのではないかとも考えたのです。

そこで、考えた対策の1つ目が、フォームのURLを保護者にのみ伝える方法でした。勤務校が利用しているPTAのメール配信サービスを利用してURLを伝えることで生徒を介することなく、保護者にフォームのURLを送ることができると考えました。

対策の2つ目として、フォームに記入する項目に保護者の連絡先を必須で設定することを思いつきました。仮に生徒がフォームのURLを何らかの方法で知り得たとしても、保護者の連絡先の記入があることで、担任の先生が保護者に連絡をとることが想像できます。もし適当な電話番号を入力したとしても、学校には生徒が入学時に提出した自宅の電話番号や保護者の携帯番号が保管されているので、担任の先生が電話をかける時点で異変に気づきます。

これらの対策を組み合わせることで、安易な欠席を増やしてしまうのを二重に防ぐことができるのではないかと考えました。

## 管理職のひと声で試験導入が決定

早速このアイデアを情報推進部の主任の先生から提案してもらい、反応を伺うことになりました。すると、対策としては万全のはずでしたが、導入に対して前向きではない先生方はどうも納得いただけない様子でした。不安に思うことを思いつくままに話して、どうにかして現状を維持して導入を見送る方向にもっていきたかったのです。

ところがその時でした。管理職の先生が「ここまで対策をしてもまだ反対意見が出るのなら、いつまで経っても導入できない。やれるところからやってみてはどうか」と発言されたのです。そして、学期の途中でしたが急遽試験的に導入してみることが決まりました。保護者にはPTAのメール配信サービスを通してURLをお知らせして、簡潔にメッセージを残したい場合はフォームに入力してもらい、担任の先生とじっくりお話をされたい場合には電話でも連絡ができるように周知しました。

今となっては、どうしてあのとき、これまで導入に否定的だった管理職の先生が導入する方向に舵を切ってくれたのか、確かめる術がありませんが、半年かけて理解してくださる仲間を増やして、話題になる回数を増やしていくことで、心変わりが起きたのではないかと推測しています。

## 正式導入から1年経って

令和3年度の1月に試験的に運用を開始してから3か月が経ち、令和4年度が始まりました。新年度の職員会議の議題として出たのが、遅刻欠席早退フォーム導入についてでした。各学年主任の先生方から問題点などを洗い出してもらうことになっていましたが、どの学年主任の先生方も口を揃えて、「特に問題は感じない。このまま運用を開始してもよい」と、だれも反対しませんでした。

今では試験的導入から1年が経とうとしていますが、フォームは問題なく動いています。PowerAutomateと連動して、フォームからの入力はTeamsの職員チームに通知されるので、先生方も確認に手間がかかりません。フォームの履歴を見てわかったのですが、前もってわかっている欠席なども保護者が夜に入力している様子が見られました。また、職員がまだ出勤していないような早い時間に入力されている記録もありました。「リモート＋非同期」でのコミュニケーションの利点である、時間も場所も選ばず連絡ができることが存分に活かされていました。

ただ一つ、現段階で課題と思う点は、ＰＴＡのメール配信に登録していない保護者は欠席連絡フォームを使えないということです。できれば今後は、学校のホームページにリンクを掲載して、メール配信に登録していない保護者も入力ができるように改善したいと考えています。

朝の打ち合わせ前に鳴り止まない電話。この件数をもっと減らすには、まだまだ時間が必要です。

今回の試みで得た教訓は、新しい試みを始めるにあたって大切なことは、門前払いを受けて卑屈になることではなく、対策を練ることと、仲間を集めることと、決して諦めないことでした。

「学校DX」という言葉もよく見かけるようになり、文科省が働き方改革を推奨するようになりました。しかし、ICTに良いイメージをもたず、スマホに否定的な先生方は学校に大勢います。もし勤務校の管理職の先生が、新しい取り組みに対して否定的だとしたら、その方が他の学校に異動されるか、定年退職されるまで待たなければならないのでしょうか。僕は反対される先生方がいらっしゃることを理由に、DXを進めることを保留にすることは考えもしませんでした。どれだけ反対意見が出たとしても、それが子どもたちや保護者のことを想って出た意見だとは思わないからです。僕がすべてを諦めてしまったとしたら、目の前の子どもたちに不利益が生じてしまうと思って、ここまで行動してきました。他の学校では新しい取り組みが導入されているというのに、自分の勤務校だけ考え方が昭和のままだったら、入学してきてくれた生徒に対して申し訳が立たないのです。いくら我々が主義を通したとしても、生徒は毎年入学して、卒業していきます。社会が目まぐるしく変化していく中で、学校だけが変わらないとなれば、学校が社会から取り残されてしまいます。

## コラム

# 反対意見にはこう反論する

第3章で遅刻欠席早退フォームの導入について、各学年で検討会が開かれた話を書きました。実はこの検討会が開かれる前に、僕をはじめ、連絡フォームを使うことに賛成だと思う先生たちで、どんな反対意見が出てくるのかを想定し、反論の準備をしていました。反対意見をある程度想定して準備をしておけば、ＩＣＴの活用に否定的なご意見をおもちの先生方が少しでも納得すると思ったからです。

このときに想定していた反対意見とそれに対する反論を、簡単にですがここで紹介します。

**想定される反対意見①**

**「生徒が保護者になりすまして、自分勝手に学校を休むために利用してしまうのではないか」**

勤務校では欠席連絡を行うのは保護者からとお願いしているが、フォームでは入力者が保護者なのか生徒本人なのかの判断がつかない。欠席の連絡手段を電話だけにすることで、サボりの抑止になる。

**①への反論**

電話のみでの連絡に限定したとしても、保護者が朝早くに仕事に出てしまっていて、生徒本人から連絡してくることがこれまでもあった。また、兄姉が保護者になりすまして学校に電話してきたこともある。電話の声から子どもなのか大人なのかを判断することができそうだが、すべての教員が電話の向こう側の人の声を聞いて、生徒本人なのか保護者なのかを完璧に聞き分けることは困難。となれば、なりすましが起こる可能性はどちらにもある。

**想定される反対意見②**
**「保護者の声を直接聞くことが重要。フォームの入力だけだとコミュニケーションが取れなくなる」**

担任にとって、保護者とのコミュニケーションは大切。担任と保護者とでコミュニケーションを密に取ることは、学級を経営する上で重要な要素の一つである。

**②への反論**

欠席連絡の電話がかかってきたときに担任が不在で、他の先生が出て対応することもよくある。対応した先生が担任でなければ詳しい話は聞かないし、メモを残すまでしか対応のしようがない。よって、欠席連絡で保護者とのコミュニケーションが実現する可能性は低く、実現する可能性が低いものを強制することにこだわった結果、無駄な折り返し合戦へと発展してしまう。

## コラム

### 想定される反対意見③

### 「外線を取ることは負担ではないし、必要な仕事だと思っている」

こういう手間のかかる仕事を頑張ることこそが美徳だ（学校にはこのような考えの方が少なからずいらっしゃいます。確かにその仕事を負担に思うか思わないかは主観によるものですし、心の底からやりたいと思っている仕事を無駄呼ばわりされると、自分自身が否定されたような気分になってしまうかもしれません）。

### ③への反論

これまで人間が手作業でやっていたことをデジタル化し、デジタルに合わせて仕事をすることで、働き方を改革する動きが盛んになってきたのも事実。時間が無限にあり、働いた分給料がもらえるのなら、体力が続く限りどれだけでも丁寧に仕事をすればよいが、現実はそうはいかない。限られた時間の中で、優先順位の高い仕事を効率よく進めるしかない。そんな中、「リモート＋非同期」にできそうな欠席や遅刻の連絡を、あえて「リモート＋同期」で行い、お互いに時間がかかることに固執する意味を、改めて考えなければならないタイミングにきている。

# 4

# やっとここまでDX

## 生徒用タブレット端末の試験導入

GIGAスクール構想を支えるのが、一人一台タブレット端末の活用です。しかし、GIGAスクール構想の「公立学校情報機器整備費補助金」の対象となるのは小中学校と特別支援学校で、公立高校は含まれていませんでした。

とはいえ、数年のうちにタブレットに慣れた子どもたちが高校に入学してくることは事実です。そこで、2022年1月20日、県知事が臨時記者会見を開き、すべての県立高校に一人一台タブレットを配備すると発表しました。2023年現在、勤務校では一通り端末の設定も終えて、授業での活用が広がりつつあります。ですがここに至るまでの間、端末の整備をはじめ、生徒が端末を使うことへの悪いイメージの払拭などにかなりの時間を要しました。

ここでは、勤務校で一人一台タブレットが導入されてからの記録を書きたいと思います。

### それまでの勤務校の状況

勤務校でのスマホに対するイメージは先述した通りで、「学校生活でスマホを一切使わせなければ、生徒指導上の問題を減らすことができるはずだ」という考えのもと、学校内でのスマホの使用を全面的に禁止してきました。この考えは新型コロナウイルスの感染が拡大しても、ロイロノートが導入されても、Teamsが導入されても全く変わりませんでした。

確かに高校生がスマホを使ってやることといえば、SNSやゲームを想像しがちです。ニュースに目を向けると、若者がスマホを通して起こしたトラブルや事件に巻き込まれたという報道がいくつも挙がっています。それだけを切り取って見てしまうと、若者がスマホを使うだけで、何かよくわからないことが起こりそうな予感もしてきます。

しかしスマホというのは、手のひらに乗るほどにまで小型化された、電話機能付きのコンピュータです。それまでのガラケーと違ってパソコンと同等のインターネットに繋がっているので、活用の幅がかなり増えました。とても便利な道具です。これまでは子どもたちが便利な道具を遊びの道具としてしか使っていなかっただけで、勉強に活用すれば、紙の教科書とノート以上に効果的に学習を進めることができます。

スマホは使い方がよくわからないけど、ガラケーの生産が終わってしまったから仕方なくスマホに買い替えた……。教員の中にもそんな世代が一定数いらっしゃる中で時代はコロナ禍に突入し、GIGAスクール構想の実現が前倒しとなりました。GIGAスクール構想の要は一人一台タブレット端末を文房具と同じように使うことです。

## 文科省がスマホを公認した

それでは、スマホとタブレット端末の違いはなんでしょうか。例えばApple社のスマートフォン、iPhoneにはiOS、タブレット端末であるiPadにはiPadOSと呼ばれるOSが搭載されています。今は異なるOSですが、少し前までは同じOSが搭載されていました。細かい設計に違いこそあるものの、大きく異なるのは、本体の大きさくらいです。ユニバーサルアプリとして開発されたものなら、iPhoneでもiPadでも同じように動作します。これはAndroidスマホやAndroidタブレットにも同じことがいえます。

つまり大雑把にいえば、スマホとタブレット端末は画面の大きさが違うだけで、できることはほとんど同じというわけです。そう考えると、タブレット端末を学校の授業に導入するということは、学校生活の中にスマホが溶け込むのとほとんど同じ意味だと解釈することができます。文科省もこのあたりは理解していて、自治体で生徒用の端末が用意できなければ、BYOD端末（生徒が個人で所有しているスマホなどの端末）の活用も視野に入れるようにと文書等で発信していました。

文科省が提唱した「令和の時代における新しい授業の在り方」が、これまで校内でのスマホの使用を禁止することが正義だと確信していた教師たちの頭を悩ませることになったのです。

学校としては、これまでスマホの利用を一切禁止してきたことで築き上げた楽園を壊したくないので、校則の変更にはかなり否定的でした（序章でお話したように、他の先生には授業中のスマホの利用が許可されたのにもかかわらず、信頼を失った僕の使用は却下されました）。後に県教委によって、Wi-Fi環境が整備されましたが、Wi-Fi環境が整ったあとも、勤務校ではスマホの利用が禁止されたままでした。スマホとタブレット端末は画面の大きさが違うだけで、できることは同じであるはずなのに、タブレット端末は国が推奨するからＯＫで、スマホはトラブルが増えそうだからＮＧという考え方には、本当に理解に苦しみました。

## 80台のタブレット端末が配備されたものの

そんな中、新年度から利用を開始できるようにと、各県立高校に80台のタブレット端末が配備されました（ICT研究校に選ばれた高校には、生徒数分のタブレット端末が配備されました。このときは、勤務校がICT研究校に選ばれたら、どれだけ活用できたんだろうと、羨ましく思っていました）。

4月のある日、配備されたタブレット端末のうち40台を早速授業に使おうと考えて、保管庫から出してロイロノートにログインするように生徒に指示しました。すでに情報の授業ではロイロノートの活用を進めていて、コンピュータ室でPCを使って行う授業では、「ロイロノートにログインしてください」と指示を出すだけで、生徒は難なくログインできる状態でした。ここまで生徒が機器の操作に慣れているのなら、教室でも同じようにタブレット端末で授業が進められるかもしれない。新世紀エヴァンゲリオンに出てくる、コンピュータを使った授業風景が、これからは当たり前になるのかもしれない。そう考えるだけでワクワクしました。

ところが、現実はそうはいきませんでした。タブレット端末の電源がついて起動するものの、ユーザー名とパスワードを入力してもサインインできないと訴える生徒が続出。次々に「入れません」と手があがり、対応に追われ続けました。普通にログインができた10人程度の生徒たちはその間ずっと暇になってしまい、まるで地獄を見ているようでした。全員がログインできた頃には、授業の残り時間はあと5分となっていました。

僕がやろうとしたのは、タブレット端末に電源を入れて、ロイロノートにログインさせる。たったのこれだけです。それなのに、1コマのほとんどの時間が無駄になってしまいました。

悪夢はそれだけではありませんでした。この授業でタブレット端末を使うことを同じ学年の先生方に予告していたので、多くの先生方が見にきてくださっていました。その先生方には、「タブレット端末を活用しようとするとこんなにトラブルが発生してしまい、魚住先生が対応にあたったとしても、これだけ時間がかかってしまうんだ……」というイメージが付いてしまったのです。「ICTを活用する＝トラブルになる」という意識を先生方に植え付けてしまうようなことを、僕がしてしまったのかと、このときはかなりショックを受けました。

## ログイントラブルの原因

この悪夢のようなトラブルの原因は一体なんだったのだろうか。僕は原因を探りました。確認

できたのは、校内のアクセスポイントには接続できてWi-Fiのアイコンが表示されているものの、ネットワークには接続されていない状態だったということでした。ロイロノートにログインできないどころか、その前のWindowsにサインインする段階ですでにトラブっていたのです。

すぐさまローカルの管理者権限でサインインして、ネットワークの設定を確認したところ、IPアドレスが割り当てられていない状態でした。普通なら校内のネットワークに接続できた時点でIPアドレスが自動的に割り当てられて、インターネットに接続できるはずですが、肝心なIPアドレスの割り当てが行われていませんでした。一方、普通に使えている端末でIPアドレスを確認したところ、IPアドレスがきちんと割り当てられていました。これで原因が特定できました。ルーターからIPアドレスを割り当てるときに使われるDHCPというプロトコルの通信が、どうやらうまくいっていなかったのです。

他校の情報の先生にも聞いてみたところ、似たような不具合が起こっていて、このままではタブレット端末が使い物にならないという話になりました。

そこで、生徒用タブレットではIPアドレスを自動的に割り当てるのではなく、本体に固有のIPアドレスを設定することにしました。今回のトラブルが、DHCPのトラフィックが増加したことで起こった輻輳《ふくそう》（アクセスが集中し、混雑すること）が原因ならば、すべてのタブレット端末のIPアドレスを固定することでDHCPでのやり取りがなくなり、他の通信が安定するのではないかと考えたのです。すぐにIPアドレスを本体に割り当てるバッチファイルを組み、80台分のタブレット端末を一台一台設定しました。

その結果、すべてのタブレット端末を同時に使用しても、Windowsにサインインできるようになり、ロイロノートへのログインもスムーズにできるようになりました。

この頃からタブレット端末の活用に意欲的な先生方が、早朝補習や授業などで積極的に使ってくださるようになりました。僕が普段からコンピュータ室でロイロノートを当たり前のように使っていたこともあり、生徒たちは慣れた手つきでタブレット端末でもロイロノートを使えていました。子どもたち自身が端末の操作に慣れていたことで、先生方が授業で活用するハードルも下がったのではないかなと思います。

## 追加配備のもどかしさ

その後、県教委はタブレット端末の追加配備を行い、勤務校には更に25台が追加されました。充電保管庫の追加配備がなかったので、この25台は予備機として確保しておき、2クラス分に相当する80台で運用することにしました。ただ、勤務校では1年生から3年生まで合計18クラスあります。普段の授業の中でタブレット端末が同時に使えるのはこのうちたったの2クラスです。残りの16クラスはこれまで通りの授業を行うしかありません。それに、タブレット端末を保管庫から出し入れするのがかなり手間で、慣れていないクラスだと10分間の休み時間だけでは準備や片づけが終わりませんでした。もちろん本体を充電する必要もありますが、タブレット端末が常に保管庫に入れっぱなしの状態だと、活用しようとするだけで休み時間がなくなってしまうのです。それに、2コマ連続で使うとなると、タブレット端末のバッテリー残量も心配になってきます。

こうした様子を見ていると、タブレット端末が80台では足りないのは明らかでした。この問題を解決するためには、県からの追加配備を心待ちにして過ごすか、タブレット端末を生徒に購入させるか、生徒がすでに使っているスマホを使うかという3つの選択肢が考えられました。僕は、追加配備を待つだけの日々にはどうしても耐えられなかったので、生徒のスマホを使えるようにならないかと考えるようになりました。

文科省は、高校におけるGIGAスクール構想において、BYOD端末を活用することも想定していました。「使える端末は個人端末でもなんでも使って、主体的対話的で深い学びを実現させる」という方針でいる中にあっても、これまでずっとスマホを禁止していた勤務校では、全く変化はありませんでした。管理職の先生に直談判すると僕の評価が更に落ちてしまうので、主任の先生から管理職の考えを、それとなく伺ってもらえるようにお願いしてみました。

ふたを開けてみると、校長や教頭それぞれの管理職の考えはまちまちでした。「いつかきっと全員分のタブレット端末が配備されるだろうから、スマホを使わせたり、家庭で購入したタブレット端末を活用したりするのは禁止の方向で」というご意見や、「もしタブレット端末を個人購入させるのなら、半分程度の授業で活用したとしても、保護者に納得していただくのは難しいだろう」というご意見がありました。管理職の先生方が特に気にされていたのが、保護者への説得でした。購入させたはいいけど、そこまで使わなかったという結果になってしまっては、保護者からのご指摘に対して対応しなければなりません。こうしたご意見が出るくらいなら、導入を見送ったほうが何もいわれることがないだろうという考え方です。しかし、その時点で配備されているタブレット端末は80台。「半分以上の授業で活用する」という条件をクリアすることは物理的に不可能です。管理職が達成することが絶対に無理な条件を提示した時点で、「BYOD端末は使わない」という思惑は明白でした。

確かに、家庭の負担でタブレット端末を購入することは県立高校ではかなり難しく、とても現実的ではないと僕も思っていました。この時点で、僕が考えている落とし所は、校則の改訂により校内のスマホの利用が許可されて、授業中に生徒のスマホを活用することでした。

しかし、時すでに遅し。生徒指導部の先生に校則の変更を提案しても、時間が足りないので来年度には間に合わないといわれました。生徒全員にタブレット端末を購入させることは現実的ではなく、たとえ教員の管理下である授業中であってもスマホを校内で使うことは認められない……。

このとき僕が考えていたのは、翌年度に入学してくる新入生のことでした。平成30年度に公示された新学習指導要領に沿って、小中学校ではすでに新しい教育が始まっています。この時点ではまだ高校では準備期間という位置づけでしたが、令和4年度から始まることが決まっていました。タブレット端末の扱いや校内でのスマホの利用についての検討を今のうちに始めないと、何も変わらないまま令和4年度を迎えてしまいます。中学3年生の頃にタブレット端末を当たり前のように使ってきた子どもたちが何も知らないまま入学してきて、校内でスマホの利用を一切認めていないことや、授業中に使える端末が限られていることを目の当たりにしてしまったら、ひどく落胆することは容易に想像できました。

入学後に新入生から「こんなはずじゃなかった」と思われてしまっては、勤務校の評価が落ちてしまい、入学志望者が減ることも考えられます。勤務校の今後の未来を考えると、来年度までにどうにかして現状を変えなければと強く思ったまま、気がつくと季節は冬を迎えていました。

## 念願の一人一台端末！

そんな中、12月に行われた臨時の知事記者会見で、工業・農業・水産学科を設置する県立高校への一人一台タブレット端末の配備が決まったと発表されました。勤務校は全日制の総合学科ですが、この配備の対象には選ばれませんでした。この対象とならなかったことが残念でなりませんでした。ただ、導入される学校が多くなればなるほど、いつか勤務校にも配備されるのではないかという期待もわいてきました。動画で配信される臨時知事記者会見の動画を食い入るように見る毎日が続きました。

そして、翌年1月に行われた会見にて、ついに県立高校のすべての生徒に行き渡るようにタブレット端末を配備するという発表があったのです。

### 朗報と残ったモヤモヤ

会見の中で知事が、文部科学大臣から直接お願いの電話があったとも話されていました。それだけGIGAスクール構想の実現において、全員分のタブレット端末の配備が大前提だったのではないかと思います。

管理職の先生からのご意見が二転三転し、生徒指導部からは校則は急には変えられないと告げられてモヤモヤしていたところに届いた朗報でした。発表では9月までに配備されるという予定で、夏休みは忙しくなりそうだと思いを新たにしたのでした。

このとき、ひとつ残念だったのは、校内でのスマホ利用についてでした。タブレット端末が全員に配備されることが決まると、スマホの利用規定についての議論もたちまちストップし、校則の変更も保留になりました。タブレット端末がせっかく導入されるんだから、スマホなんて使わなくても良いでしょ？　という考え方です。

確かにタブレット端末と比べると、画面は小さいですが、スマホは持ち運びが容易で、カメラの性能も高く、利用価値は十分に考えられます。僕としてはそれぞれの機器を場面に応じて使い分ける学校生活を夢見ていました。タブレット端末が導入されることのインパクトが大きすぎて、スマホの勉強への活用が滞ってしまえば、子どもたちはスマホを便利な学習道具として使うことができず、ゲームとSNSにしか活用できなくなってしまうのではないか。そう思うと、この時の思考停止した状態が残念でなりませんでした。

## タブレット端末到着

ともあれ、知事が予告した通り、令和4年度の夏休み中にタブレット端末本体やACアダプタ、スタイラスペンが納品され、各クラスに配備するための充電保管庫も運ばれてきました。勤務校では、令和4年度の間は端末の持ち帰りについては保留にし、校内で充電し活用する方針を管理職が提言しました。まずは校内で使ってみて、様子を見ようという考えでした。

GIGAスクール端末は、生徒が自宅に持ち帰り、家庭でも活用することが前提ですが、タブレット端末を家に忘れてきたり、自転車のカゴに入れて運んでいる最中に画面が割れてしまうというような問題が現実として起こり得ることを考えると、この方針は致し方ないとも思いました。僕はそれよりも、これまで80台しか運用できなかったタブレット端末がようやく全校生徒分配備され、多くのクラス、多くの授業で使ってもらえるようになる、ただそれだけで胸を躍らせていました。

情報推進部の教員は3人、一つの分掌としては少ない人員配置です。普段の校務ではこの人数でも十分事足りますが、600台ほど届いたタブレット端末を開封するだけでも一苦労です。そこで、僕が所属している学年の先生方にお願いしたところ、夏休みに日程を調整して開封作業を手伝っていただけることになりました。また、充電保管庫にACアダプタを配線する作業も、管理職の先生がそのとき職員室にいた教員全員に手伝いをお願いすることで、多くの先生方が作業場所に駆けつけてくださいました。

新年度を迎え、タブレット端末や付属品が届き出したこの頃は、タブレット端末の活用について管理職の先生方もとても前向きで、開封作業を手伝いに来てくださったこともありました。2年前のことを思い出すと、あれだけICTの活用に対してご意見があったのにと思いそうにもなりましたが、このときは素直に喜ぶことにしました。

開封作業などを他の先生方にお手伝いしていただいたことで、タブレット端末の設定作業について考える余裕ができました。夏休みに送られてきたタブレット端末は全員分ではなく、これまで配備された端末と合わせて一人一台になるよう数が調整されていました。何台かは修理対応中の予備機として保管しておく分にも回せますが、すでに運用を始めている80台のタブレット端末を新たに生徒用として割り当てる必要がありました。この80台にはすでにＩＰアドレスを固定する設定を施してあり、かなり安定して活用することができていました。全校生徒全員分のタブレット端末を準備するにあたっては、もちろんこの80台と同じ設定をしようと考えました。どのＩＰアドレスをどのタブレット端末に設定するのか、新たに配備されたタブレット端末も含めて考えると、すでに設定が済んでいる80台にも新しい番号を割り振ると管理しやすくなるので、その作業も盛り込みました。

まずは新しく届いたタブレット端末に、順番にＩＰアドレスを固定する設定を行おうとしたとき、あることに気づきました。過去に80台のタブレット端末のＩＰアドレスを固定するために組んだバッチが、うまく動作しませんでした。ＯＳが自動的にWindows11にアップデートされていたことが原因でした。

なんとか解決方法を模索しているとき、配備されたタブレット端末のCドライブの中身を見ていると、県教委の先生か設定の業者さんが入れてくれてたファイルを発見しました。なんと、ＩＰアドレスの設定を変更するための VBScript でした。僕がバッチファイルでやろうとしたことと同じように動作するファイルを発見したのです。もしかしてと思い、発見した VBScript にRUNASA27で管理者権限を付与した実行ファイルを作成したところ、生徒用のアカウントからＩＰアドレスの設定を変更することができるツールが完成しました。Windows の仕様変更によるものなので、なぜバッチファイルでは失敗し、VBScript ではうまくいくのかは僕にはわかりませんが、無事に動作することが確認できて胸をなでおろしました。動作の確認ができたあと、すぐに手順を洗い出し、再現できる手法としてまとめることにしました。

## 設定作業をいかに簡略化するか

配備されたSurfaceGo3を校内で使うためには、学校の Wi-Fi に接続する作業も必要でした。Windows を普通に操作すると、通知領域の Wi-Fi のアイコンから学校の Wi-Fi に接続する必要があり、Wi-Fi のパスワードの入力も必要です。この作業を６００台ほどある端末に一台ずつ行うとなると、かなり時間がかかります。この作業に加えて、同時に多くの台数を使っても Wi-Fi が安定するようにＩＰアドレスを固定する設定も行いたいと思って準備をしてきました。できれば、この作業をなるべく簡略化して、一台の設定にかかる時間を短くしたいところです。

そこで新たにバッチファイルを書くことにしました。内容はそんなに難しいものではありません。ＵＳＢメモリ内のＩＰアドレスを設定するための実行ファイルをCドライブにコピーして、校内の Wi-Fi に接続するための設定をファイルに保存したものを読み込むという流れを、一度実行するだけで一気にやってくれるものです。ＵＳＢメモリを10個用意して必要なファイルを入れて、設定する際に Surface Go3に挿して実行するだけという状態にしました。また、自作キーボードの知識を活かして、マクロキーボードに Surface Go3に設定されていた管理者権限のユーザー名とパスワードを登録し、マクロキーボードのキーを押すだけで管理者権限でサインインできる準備も整えました。そして、どの端末に何番のＩＰアドレスを割り振るかは、表にまとめた上で、ラベルを印刷したものをタブレット端末の本体に貼ることにしました（ラベルの貼り付けは、生徒にも協力をお願いしました）。

ここまで作業を簡略化させることで、タブレット端末の設定作業そのものが、少しの操作でできるようになりました。

1　電源を入れてマクロキーボードを接続し、管理者権限でサインインする。
2　ＵＳＢメモリを接続して、バッチファイルを実行する
3　本体に貼られた番号を参考にＩＰアドレスを固定する

管理者権限の付与やＩＰアドレスの固定方法に頭を抱えながらも、なんとか3つの工数で設定が終わるようになりました。

## 校則の変更から運用開始まで

2学期に入り、スマホの取り扱いについての校則が改訂されました。それまでは朝のショートで担任がスマホを回収し、ジュラルミンケースに入れて職員室で保管。帰りのショートで返却するという手法をとっていましたが、ジュラルミンケースの運用を廃止することになり、スマホは電源を切ってカバンの中に入れておくというルールに変更されました。そしてなんと、授業中においても教師が許可をすれば、スマホを活用することを認めることになったのです。

そもそも年度の途中で校則を変更すること自体が異例ですし、校内でのスマホの利用が許されることも、これまでの勤務校では絶対にありえないことでした。新しく異動されてきた先生が提案してくださったのか、管理職の先生の気持ちに変化が見られたのか、ここにきてなぜ、校則の変更が許されたのかはわかりません。僕が2年前に味わった屈辱を思い出すと、まるで手のひらを返された気分にもなりましたが、ここでも素直に喜ぶことにしました。

## 端末のルールをどうするか

なぜこのタイミングでスマホの話になったかというと、タブレット端末がすべてのクラスで活用できる環境が整い運用が始まるにあたり、タブレット端末の取り扱いに関する指針を学校として決めなければならないからです。タブレット端末を校内でどのように扱うか、いつ使ってもよいのか。決めなければならないことはたくさんあります。

特に、休み時間中に生徒が無断で使ってもよいかどうかは、学校によって意見がわかれるポイントです。先進的な取り組みをしている学校の事例では、休み時間中にイヤホンで英語のリスニングを聞いている生徒がいたり、体育の時間の前にダンスの振り付けをYouTubeで見ていたりと、有意義に活用している様子が報告されています。一方で、タブレット端末を休み時間中に使うことを許可したところ、教室がゲームセンターと化してしまう……なんてことになれば本末転倒です。

そこで情報推進部では、2学期から改訂された校則に基づいて、「配備されたタブレット端末をスマホと同じように扱う」という結論を出しました。新しいスマホの取り扱いが始まったばかりなので、生徒たちも理解しやすいのではと考えました。休み時間中にタブレット端末を使って学習できないというデメリットはあるものの、まずはスマホと同じルールでスタートした上で、様子を見てみることを優先しました。

## 生徒指導部からのちゃぶ台返し

ところが、このルールでタブレット端末を運用しようと、会議の場で情報推進部の主任の先生が説明をしたところ、生徒指導部の先生が「生徒指導部会を通して検討しなければならないので、今すぐタブレット端末を導入することはできない」と発言され、設定作業を一旦中断することになりました。検討するも何も、生徒指導部が改訂したスマホに関する校則に即した形に合わせたのだから、何をどう検討するのだろうという疑問だけが残ったまま、情報推進部が考えていた端末配布の予定日を過ぎてしまい、11月を迎えることになりました。

僕は休み時間中にも活用させるとか、すべての授業で無理矢理使わせるとか、自分自身のこだわりを通したいという気持ちはありませんでした。ただ現状の校則に即した形でタブレット端末を使っていただけるように、準備していただけです。生徒にはなるべく早く活用してもらいたいと思う一方で、配布の予定日が決まらなければ動くこともできないという、いわば金縛りの状態が続きました。ＩＣＴの活用と生徒指導は、どうしてこうも相反する存在になってしまうのか。生徒がタブレット端末を学習に快適に使えるようにという一心でこれだけ準備してきたのに、僕にとって飼い殺しもいいところだ。２年前にも味わったこのふりだしに戻るような感覚に、どこか懐かしい感じがしました。

## 探究担当の先生からの訴え

考え方が卑屈気味になっていたあるとき、総合的な探究の時間を担当されている先生が僕のところを訪ねてきました。「総合の時間に、調べてきた内容をレポートに書かせなくちゃいけないのに、なんでまだ生徒たちはタブレット端末が使えないの！」と訴えてきたのです。

これまでの総合の時間では、コンピュータ室のパソコンの台数が限られている中で、スマホも活用できずに、ただ机に向かうだけの時間を過ごしてきました。ネットが使える人数も限られて、文章にまとめるにしても紙のノート。これでは探究活動を行ったり、発表のスライドを作ったりすることもままならないと、その先生は困っていたそうです。2学期から使えるようになったスマホも、長時間使うと通信量が増えてしまい、家庭ごとに契約している通信容量を使ってしまうという懸念から、あまり活用できずにいました。

その先生の声を聞いたとき、これは好機だと思いました。過去に管理職の先生から「授業に関することは教務部が考えることで、情報推進部が考えることじゃない。口を挟むな」といわれ、自分の立場を弁えていた僕は、総合の担当の先生から、早く授業にタブレット端末を導入したいという想いを生徒指導部の先生に話してもらうように伝えました。ちゃぶ台がえしの会議からまだ返答がなく、僕が催促すると角が立ってしまうので、タイミングとしては本当に助かりました。

翌日、僕と教務部、生徒指導部の先生で話し合うことになり、タブレット端末導入にあたってのルールや、配布方法の方針などが決まりました。ルールについてはスマホと同じ方向で揃えることと、配布時には臨時で学年集会を開き、僕から学年の生徒全員に活用する上での注意事項などを伝えることになりました。

結局は最初に情報推進部が提案した内容と同じじゃないかとも思いましたが、教務部や生徒指導部の先生方が納得した上で決まった内容なので、これ以降特に反対意見が出ることはありませんでした。

## みんなで行った設定作業

急遽再開したタブレット端末の準備作業には、作業を簡略化したとはいえ、多くの人手が必要でした。すると管理職の先生が気を利かせてくれて、各学年から数名程度、手伝いに向かうようにと指示をしてくださいました。これは僕が個人的にだれかにお願いするよりも、ずっと効果がありました。作業日を2日間設けて一斉に集まってもらい、作業を手伝っていただけることになりました。

ボタンを押したりクリックするだけで設定が進むように準備したのも功を奏しました。設定中のトラブルには僕が対応しましたが、それ以外の作業のほとんどは手伝いに来てくださった先生方で滞りなく進めることができました。充電保管庫を廊下に設置する作業も、時間がかかりましたがなんとか終えることができました。僕の他にＤＩＹを得意とする先生に手伝っていただき、数少ないコンセントから見た目を気にしつつ配線作業を行いました。

一番作業に時間がかかったのが、実は既存の80台の再設定作業でした。新しく振りなおしたＩＰ

アドレスに番号を固定し直す作業はそこまで時間がかかりませんでしたが、Cドライブの空き容量を確保する作業に、かなりの時間を要しました。

Windowsの仕様として、システムが保存されているCドライブのUsersフォルダに、これまでその端末を使ったユーザーのプロファイルがそのまま残っています。これがストレージであるSSDの容量を圧迫している原因となっていました。Cドライブの容量がゼロになっていた端末が何台もあり、不要なファイルを削除して容量を空けないと、起動してもサインインできない状態となっていました。限られた台数のタブレット端末を多くの生徒が使うことによる弊害でした。

この問題を解決するためには、管理者権限でサインインしたあとで、Cドライブ内に溜まっている不要なユーザープロファイルを削除する必要がありました。しかもこの削除する作業にはかなり時間がかかり、一台作業を終えるのに数時間では終わりませんでした。ファイルを削除する作業な

ので、電源につなげっぱなしの状態でスリープしない設定にしてから作業を始めたりもしましたが、Windowsの仕様で大量のファイルを削除する前には確認の画面が表示されたり、システムが使っているから削除できないとエラーが表示されることで、作業中に確認待ちで止まっている端末が続出しました。削除を開始しては様子を見て、警告が表示されていたら操作をして次に進むという作業を繰り返し行いました。

こればっかりは作業マニュアルが作れないので、僕だけで臨機応変に対応しました。削除そのものにも時間がかかるので、これだけの作業を終えるのに20時まで学校に残って作業する日々が1週間ほど続きました。そして土曜日にも出勤して夜遅くまで作業した結果、各学年で活用を予定していた総合の時間に間に合うように、すべてのタブレット端末の設定を終えることができました。

## 一連の事案を振り返って

いまでは、充電保管庫に設定が完了した全校生徒分のタブレット端末が入れてあり、使いたい授業ですぐに使える環境が整いました。

80台だけで運用していた頃は、使いたい時間帯が重なってしまうと、どこかのクラスが使うことを我慢しなければなりませんでしたが、もう譲り合う必要がなくなりました。タブレット端末を活用したいと思えば、そのタイミングですぐ活用できる。そんな夢のような環境を整えることができたのでした。IPアドレスを固定する作業については、ひょっとしたら県教委が整備したルーターのDHCPのリリース時間などを調整したら、多少は改善されるのではないかとも考えましたが、現場の工夫次第でここまで安定するようになるという一つの証明にもなりました。

一人一台タブレット端末の導入が完了してからは、総合の時間での活用をきっかけに、授業に取り入れてみようと思ってくださる先生方が徐々に増えてきたように思います。非常勤講師の先生の授業でも活用している様子を見かけるようになってきました。まだ多くの授業での活用が報告されているわけではありませんが、いつでも活用できる環境が整ったことで、今後はより多くの先生方に使っていただけることを願うばかりです。

## 学校には悪しき文化がある

この本の内容を書こうとすればするほど、ネガティブなことばかり頭に浮かんできました。ＩＣＴのことをわかってくれない人を、どうやって説得したらいいのか。どうしたら使ってくれるのか。僕の友人が勤めている小学校では、ＩＣＴ担当の先生が心を病んでしまって、辞職したと聞きました。

世の中では当たり前となっているものを学校で実践しようとしても、今までにやったことがないからとか、もし何かあったらどうするんだとか、その案を通さないことが目的じゃないのかと思えるほど多くの反対意見が出てきます。僕自身も、どれだけ否定されてきたことか。

新しい時代というのは、一体いつから、どこから始まるんだろうと、いつも疑問でした。特に学校では足並みを揃えることが求められます。クラスごとにやっていることに差が出たら、その時点で村八分にされます。生徒には新しいことにチャレンジしましょうと口ではいうものの、その人の想像を超えるようなことをやられると、途端に「勝手なことをするな」と手のひらを返します。コロナ禍を過ごして、それがよくわかりました。よく知らなくて、よくわからない。そう思うものに対して、これでもかと叩いて認めず、勝手なことは許さない。

自分には何ができるのだろうかと、ずっと探し続けてきました。その中で、特にこの行動が良かったんじゃないかと思うものを、いくつか挙げていきます。

## やってよかったこと

### その①：すぐに実行できる環境を整える

ＩＣＴを多くの先生方に使ってもらえるようにするためには、使うための環境を整備することが必要です。教職員や生徒全員分のアカウントを発行したり、マニュアルを作ったりして、使ってみようと思われた先生が使いやすいように、僕はハードルを下げることに注力しました。Teams やロイロノートでは、先にアカウントを作っておいて、すべてのクラスを作った上で生徒や担任を登録しました。「ちょっと使ってみようかな」と思った先生が、思い始めてすぐに使えるよう常に環境を整えておくことで、勤務校では利用率が上がりました。

### その②：必要性を感じている先生を見つける

大変ありがたいことに、ＩＣＴを使って授業を実践したり、校務でも活用したいんだと同じ志を抱いていた先生方と巡り会うことができました。それまではそんなに話す仲ではなかった同僚の先生方でしたが、コロナ禍でICTを活用したいと考えているときに僕が職場で潰されたことがきっかけで、積極的に話すようになりました。教科は英語だったり家庭科だったり、これまでの考え方だとICTとは縁がなかったように思える先生方が、GIGAスクール構想が話題になることで一気にICTへの関心が高まり、何か新しいことにチャレンジしたいと思っていただけたようでした。僕が落ち込んで現状を嘆いていたときには、「なんで皆さん、ICTのことをわかってくださらないんだろうね」と思いを重ねてくださったこともありました。それが心の支えとなって、なんとか踏ん張り続けることができました。どの学校にも、ICTに長けているとまではいかないものの、必要性を感じ、新しいことに抵抗を感じない先生が、きっといらっしゃいます。そんな先生方と出会うことで、勤務校のDXは良い方向へと変わっていきました。

## その③：困っている人を助ける

PC操作が苦手な先生のために、いくらでも質問に答えて、どれだけでも助けること。自分がだれかの役に立てるのなら、何がなんでも力になること。一見自分自身を犠牲にしているように見えるかもしれませんが、それがあとになって返ってくることがあります。

これまで、プライベートで使っているパソコンの調子が悪いという相談を受けて、分解して修理したこともありました。スマホの料金プランの見直しも一緒に考えたこともありました。iPadを買ってみたいという相談があれば、そのあとのアプリの設定まで付き合いました。

今までやったことがないことや、わからないことというのは、人間だれしも不安に思います。僕が得意としていることが皆さんに貢献できるのなら、どれだけでも尽くして、やれることはなんだってやる。そのスタンスで行動することで、周囲の先生方が「ＩＣＴを使うと便利なんだな」と思ってくださったり、「近くに魚住先生がいるなら使ってみようかな」と少しでも思っていただけたら、それで良いと思っています。そうしていくうちにＩＣＴが「よくわからなくて怖いもの」から「使ってみたら便利だとわかったもの」になっていくと思うのです。

Twitterを見ていると、定時で帰るための仕事術を発信している方もお見受けしますが、僕は時短して早く帰るよりも、同じ職員室で働いている目の前の先生方の力になりたくて、助けたくて、皆さんが快適にＩＣＴを使って授業や校務を進められるよう環境を整備することに一生懸命でした。また、「Teamsがおすすめ」とか「ロイロノートがおすすめ」とツイートするよりも、職場ですべての先生方が使えるように整備することを優先する。多少強引でも、出る杭として打たれ続けながらも、ＩＣＴを活用したらこれだけ便利になるんだということを職場で示す。それを見て、自分もやってみたいと思ってくださった先生方を全力でサポートする。この2年間、ずっとそんな活動を続けてきました。

おかげさまで、校内では10年研や教育論文の題材に、ＩＣＴを使った授業実践を選ぶ先生方も増えてきました。2年前にあれだけの叱責を受けても、めげずに行動してきたことに意味があったんだと思えるようになりました。

## 新しいことを進めるための手法

僕のように、新しいことにチャレンジすることが大好きな人は、これからも他校での実践事例を見たり、新しいサービスが登場したときに、ワクワクしたり、やってみたいなと思うはずです。そして、勤務校でも似たような取り組みができないかと考えるでしょう。

そんなときに、どう行動すれば実現するのか。数々のエピソードを経て抽象化することができた、新しいことを進めるための手法を紹介します。

### その①：他の先生から要望が出たことにする

僕だけの話になるかもしれませんが、自分から新しいことを提案すると、「また魚住がわけのわからんことをいい出した。よくわからないから、とりあえず潰しておこう」と思われることがあります。このままではどれだけ環境を整えたところで、変革を成し遂げることができません。

そこで有効だったのが、「他の先生からの要望」という形にすることでした。例えば、ＰＣにとても詳しい人が提案すると、同じレベルのことを要求しているんじゃないかという誤解を与えますが、他の先生からの提案という形であれば、そのような誤解も受けなくなります。

また、地道な努力を続けていくことで周囲の先生方の関心も高まり、「これができるということは、あれもできるようになるんじゃないか」と、僕でなくても新しい試みを提案してくださるようにもなります。「押してダメなら引いてみな」とはまさにこのこと。「他の先生からの要望があった」という言葉は、強力な助け舟になります。

### その②：イヤイヤ期だと思うことにする

僕には3歳の息子がいます。この時期の息子の様子を見ていると、素直で純粋で、自分の気持ちに正直に行動しているように思います。身の回りのことを自分でやりたがるようになったり、着替えなどを自分が決めた順番で進めたがるようになるのもこの時期です。こちらが良かれと思って手を貸そうとすると「イヤ！」と否定するようになります。

これまでやってきたことを、これまで通りにやりたいと考えているイヤイヤ期の子どもに、新しいやり方を説明したところで、意味がありません。プレゼンは、相手が聞く姿勢を作ってくれることで初めて実現するものです。

そんな頑固な息子でも、保育園では他の園児の行動を真似して、自分の中に取り入れてきます。時に余計な言葉も覚えてきますが、あれだけ嫌がっていたことも、いつの間にか自分からやるようになることがあります。しまいには「これはこうやってやるんだよ」と教えてくれるようにもなります。そんな息子の姿は、かなり得意気です。

そんなときに、「だから、この前からそうしなって言ってたでしょ」なんて声をかけてしまったら、すべてが台無しです。ここは「そうなんだ！　すごいねぇ！」が正解だと僕は思っています。

息子とそんなやりとりをしていて「あ！」と気づき、僕の中で繋がりました。あー、そうか、あの時のあの先生も、きっとそうだったのかもしれないな、と。

ハンコ、押したいもんね。

もしもし、したいんだね。

なんでもかんでも紙にして、「どうぞ」ってやりたかったんだね。

ＤＸを嫌がる人はきっと、ＩＣＴイヤイヤ期なんだ。そう思うと、心がうんと軽くなりました（笑）。

もし、新しい仕組みをいくら提案しても受け入れてくれなくて、「どうしてうちの管理職は何もわかってくれないんだ！」と嘆くことがあるなら、「きっとICTイヤイヤ期なんだな」と考え方を転換することで、かなり心が楽になると思います。決して目上の方をおちょくっているわけではありません。2年前のあの日、職員室中に響く大きな声で叱責を受けた当時の管理職の先生の、理解に努めたつもりです。

## その③：勉強会に参加して、他校の先生と交流してみる

コロナ禍で人の移動が制限された中、オンラインでの勉強会がいたるところで開かれるようになりました。現地での開催が難しいことと、感染リスクなどを考慮した末のオンライン開催だと思いますが、見方を変えると、現地に行かなくても自宅に居ながらイベントに参加でき、終わった瞬間からベッドにダイブできます。対面で人と会えないのはどこか寂しさもありますが、これを味わってから、良い時代になったなあと思うようになりました。

オンラインを利用すれば、交通費もかからず低コストで人と交流できます。それに、普段関わることのない他校の先生方と情報交換することで、勤務校以外の様子を知ることも容易となりました。ただし、ここ最近増えているオンラインサロンに加入される場合は、月額料金と、内容が釣り合っているのかを見極めることも必要です。同じようにお金を払うなら、書籍代にしたほうが良いこともあるかもしれません。何に対してお金を払おうとしているのかを明確にすることも重要です。一部では「つながりを大切に」といいながら、志の高い先生のやる気を搾取するような自己啓発系セミナーも開かれているので、ある程度の見極めも大切です。

## コラム

### ステージ発表が中止になった理由

勤務校の学校祭は毎年3日間で行われます。初日に教室・体育館などで行う文化祭、2日目に市民会館のホールを使ったクラスごとのステージ発表、3日目にグラウンドでの体育祭という日程です。緊急事態宣言が発令された年、初日の文化祭は早い時期に中止の方向で決まりました。しかし、2日目のステージ発表については、一度に壇上に上がる人数を制限する等、距離を取ることができれば実施が可能とされました。

問題なのは、各クラスが行うダンスや劇の練習場所の確保でした。狭い教室の中では人と人との距離がとれません。かといって場所を分けるとなると、すべての学年・クラスの生徒が一度に練習するには場所が足りません。校外で練習するとなると、教員が張り付いて監督しなければならなくなります。開催中止のムードが漂い始めました。

この頃、僕を含めて何人かの先生が Teams やロイロノートを使いこなすようになっていました。夏休みの期間を使ってロイロ認定ティーチャーを増やし、2学期からの授業に備えようと呼びかけていました（新しい考え方を広める熱心な呼びかけは、周囲には新興宗教のように見えていたかもしれません・笑）。

開催が危ぶまれたステージ発表。僕らはこれを解決するためには、ICTを活用するしかないと真っ先に思いつきました。ICTの力で生徒たちの学びを止めず、事態を乗り越えようとしたのです。

ポイントとなるのは、学校祭準備期間は「授業の一環」という位置づけで、単位認定に

## コラム ● ● ●

関わるということでした。この時期の勤務校では、学校祭が行われるまで午前中のみ授業を行い、午後からは学校祭準備の時間とされていました。つまり、ステージ発表の練習も授業の一環。練習している、上達したという証拠がなければ単位が認められないのです。

そこで僕は次の手段を思いつきました。午前中、生徒はいつも通り登校して授業を受け、帰宅。午後に自宅でステージ発表の練習を行ない、その動画を個人のスマホやタブレットで撮影し、Teams やロイロノートなどを使って提出してもらう。これを担任が確認すれば、単位として認定できる材料になると考えたのです。早速、学年主任の先生にこの案を伝え、管理職の先生や他の主任の先生方に提案してもらうことになりました。

この案に対して、否定的な意見がいくつか出されました。「生徒によって提出された動画が本物かどうかどうやって確認するのか」「生徒全員がロイロノートや Teams を使いこなせるのか」これらの意見に対しては、きちんと対応を説明することができましたし、ある程度納得してもらうことができました。

しかし、最後に出た意見は、どれだけ説明しても、相手を説得しきることができませんでした。それは、「Teams やロイロというSNSを使うとトラブルの元になるのではないか」という発言でした。その意見を発せられた先生は、どうやら県教委が整備・導入してくれた教育系ツールと、生徒が個人的に使っている LINE や Instagram との区別がついていらっしゃらない様子でした。当時、すでに授業や週末課題、クラスへのお知らせに

## コラム

Teamsやロイロノートが活用されていましたが、たとえ授業の一環であっても、生徒がスマホを使うこと＝トラブルの元だという考え方から抜け出せていなかったのです。この最後のご意見は個人の主観が含まれているため、どれだけ合理的な手段や言葉を用意したとしても話が平行線となることは明らかでした。

結果として、僕が考案した、ＩＣＴを活用してステージ発表の練習を行うという案は採用されませんでした。そして、生徒には「新型コロナウイルスの感染が拡大して、緊急事態宣言も出てしまったから、学校祭を中止することになりました。それでも体育祭については、なんとか時期をずらしてでも行う予定でいます」と伝えられました。

この表現では、「体育祭を延期して行う」ことに焦点があたり、なんとか体育祭だけでもやらせてあげたいという学校の努力と熱意が込められたように聞こえます。しかし、僕は、この決定に至るまでの経緯から、決定を素直に受け止めることができませんでした。

ＤＸの理解者を増やそうと努力してきたつもりでしたが、当時はまだスマホの存在そのものを忌み嫌う雰囲気が、勤務校の中に残っていたのです。己の力不足を痛感した一連の出来事でした。

# 5

# なぜDXが進まないのか

## 4 二項対立の背景

### かつて教員は職人だった

教員という仕事には、どこか職人気質な面があるなと、高校現場で10年以上働いて思うようになりました。

僕が働き始めた当時は、職員にＰＣは導入されていたものの、共有フォルダが整備されていませんでした。だれもファイルを共有しようとは思っていなかったのです。担任として教室に掲示する掲示物のデータ、授業で使える小テスト、テストの問題用紙など、作成者が苦労して作り上げたものを譲り受けるには、その人と仲良くなり、師弟のような関係にならないと、手に入らないものでした。

教員採用試験に合格した新規採用者は、初任研を通して多くの先生方と親しくなる必要があり、先輩の先生方がこれまで経験されたことや、蓄積されてきたノウハウを分けてもらいながら成長していくことが、これまでの「普通」でした。要領よく動けて、周囲を頼ることができる先生だけが、職員室でうまく生きていくことができる。そんな時代がかつてあったのです。

### 無駄な努力を必要としない時代がきた

しかし、インターネットが登場して、知りたい情報にいつでもアクセスできるようになり、教員の世界も一変しました。同僚の先生からしか得られなかったノウハウや、使うと便利なファイルまで、ネットを使って簡単に入手できるようになりました。

新しい情報が次々とやりとりされ、これまでの考え方がどんどん古くなっていくと、長年その道で頑張ってきた職人的な先生よりも、新しい考え方を取り入れた若い先生のほうが、新しい時代に順応できるようになります。

先輩から教えを乞うために、人間関係でうまく立ち振る舞うことを叩き込まれ、がむしゃらに頑張る……そんな苦労をせずに若手教員がＩＣＴを使って簡単に仕事をしているのを見たら、「けしからん」と思われるのも無理ないなと思います。「俺たちが通ってきた道も通らずに、何を一丁前に語ってんだ」という気持ちが、「ＩＣＴの活用がすべてではない！」という言葉の裏にはあるのだと思います。

## 必要なのはお互いのリスペクト

ＩＣＴ担当を長年やっていると、ＩＣＴの活用によって生じる変化についていけない先生をよくお見かけします。ＩＣＴが苦手な方が管理職をされていると、ＤＸの導入は他校よりも遅れます。そうなると、新しいことにチャレンジしようとするＩＣＴ担当者は、自分の存在意義を否定され、ヤケを起こします。「ＩＣＴがわかんない人が校長なんてやってんじゃねーよ！」と思うＩＣＴ担当と、「ＩＣＴだけがすべてではない」と反発する管理職との二項対立の完成です。

どの先生も、生徒のため、学校のため、日本の未来のために働いているというのに、それぞれが別の方向を向いてしまっています。これはとても悲しいことです。目の前の生徒のためにと思って行動したことが、いつの間にか足の引っ張り合いになっているのです。

大人たちの醜い争いを、生徒たちに見せるわけにはいきません。

僕はこの対立構造を解消するために必要なことは、相手へのリスペクトだと思っています。

この人はＰＣの操作ができないからとか、タブレット端末を授業で使おうとしないからと、ＩＣＴスキルだけで相手の能力の優劣をみてしまうと、どうしてもそれが欠点に見えてしまいます。

しかし人の能力は、それだけでは計れません。生徒たちだって、数学が苦手でも、英語が得意な場合もあります。一見リスペクトできなさそうな先生であっても、見えていない部分に長所がある。そう思うことで、ＩＣＴに長けた先生がＩＣＴに不慣れな先生を見下すという図式はなくせると思います。

僕自身も過去には、ＩＣＴの話が通じない人に対してどこか見下していた部分がありました。この3年間の過程を振り返って、自分には相手へのリスペクトが足りなかったのだということに気づきました。

人という生き物は、自分が下に見られることにはとても敏感です。きっと過去の自分のとっていた態度が、ＩＣＴに不慣れな人に対して不快な思いをさせてしまったんだと今は反省しています。

この章では、学校現場で起きている二項対立を終わらせるために、「ＩＣＴを使いたがらない人」にスポットを当てながら、どのような理由で昔ながらの方法にこだわっているのかを分析してみます。その上で、メリットやデメリットを比較しながら、お互いにリスペクトし合えるようになるための方法を模索したいと思います。

## チョーク&トークへのこだわり

### ノートに手書きで書くことの優位性

ICTを使った授業でよく話題になるのが、授業スタイルの変化です。日本の学校では黒板が導入されてからこれまで、チョーク&トークと呼ばれる手法で授業が行われてきました。「教師が教科書に書いてあることについて話を進めながら内容を黒板にまとめていき、生徒は先生の話を聞きながら目の前のノートに書き写していく」という伝統的な光景です。

しかし、GIGAスクール構想によって生徒用のタブレット端末が導入され、それらを活用する授業をやろうとすると、生徒が手書きでノートを書く機会は減ってしまいます。ノートに書かなければ、これまでよりも学習効率が下がってしまうのではないか？というのが、ICTに不慣れな先生が不安になる理由の一つです。

特に、「読解力や文章を書く力は、手で書くことで養うことができる」そう信じている先生は、このことを理由にタブレット端末を生徒に使わせないようにしている傾向があるように思います。

手書きの優位性については、海外でも研究されていて、手書きとキーボード入力を比較してみると、手書きのほうが生徒の学習能力や成績向上に効果的であることが示唆されています（注）。僕自身も、読書をするときはノートにメモをしながら本を読みます。読む速度は落ちますが、内容を

（注）参考文献「The Pen Is Mightier Than the Keyboard:Advantages of Longhand Over Laptop Note Taking」（Pam A.Mueller,Daniel M.Oppenheimer・2014年）

理解する上で効果があるなと実感しています。また、考えを深めたいときにはA5サイズのノートに万年筆を使って文章を書いています。

しかし一方で、病院などで何度も同じ問診票を書かされたり、役所で何度も同じ住所を書かされたりすると、はらわたが煮えくり返りそうになります。これはきっと、「テクノロジーを使えば省くことができる無駄な動作を、無理やりやらされている」と感じているからです。

つまり、その目的によって、手書きが効果的な場合と、入力で簡単に済む場合があるのです。この違いが理解されていないことで、生徒たちにも過剰な負担がかかっているように思います。

## 生徒の気持ちになってみる

スマホを使うことが当たり前となった今の時代、生徒たちは自分の手で文字を書くことや、目の前にあるものを「書き写す」ことは、大人以上にハードルが高いと感じていると思います。板書はカメラで保存すれば一瞬で保存でき、あとで見返すときにも便利です。

とはいえ、授業の内容を理解させたり、アイデアを出させたりしたいときは、僕も手書きを勧めます。しかし、そのあと出てきたアイデアをまとめる作業はデジタルを利用します。入力したものを動かしたり、何度もコピーしたりすることができるのはデジタルツールならではです。

しかし、板書と手書きノートにこだわりのある先生は、生徒たちにも終始、手書きを強要します。特に、自分が板書したものを写真に撮られることに強い抵抗があるようです。時間をかけて手で書いたことにコストを感じているからこそ、生徒たちが「書き写す」というコストをかけずに、カメラでパシャッと保存することに、抵抗を感じるのだと思います。

テクノロジーを使ってコストをかけずに情報を保存したいと思う生徒たちと、なんとか手で書かせたいと思う先生。この溝はどうしたら解消できるのでしょうか。

## それぞれのツールの強みを知ろう

僕が思うに、チョークを使って黒板に手書きで板書する。今の時代にあえてここにコストをかけるのは、その先生による選択の結果だと考えます。タブレット端末やPC、プロジェクターを使えば、教科書の本文は黒板に書かずともスクリーンに投影できます。そのデータを生徒に送信しておけば、生徒は板書を手で書き写す必要がなくなります。

これらのICT機器の活用を選択しないことで、自らの意思で黒板に手で書くことを選んだのです。その選択した結果にいくらコストがかかろうとも、自分で選んだのですから仕方ありません。

問題はそれを、生徒たちにも押し付けることです。「私は黒板にチョークで書くことを選びました。だからあなたたちも、ノートに手で書きなさい」これでは自分の好みの押し付けです。「私はとんかつに味噌をかける派です。ソースは認めません。だからあなたたちも、味噌をかけて食べなさい」と強制しているようなものです。人に迷惑をかけずに美味しく食べられるなら、別に何をかけてもよいではないですか。ICTに不慣れなことの裏返しに、手書きを推奨しているんじゃないかと生徒たちに勘付かれると、時代遅れな先生だと思われてしまいます。

つまり、生徒が学習した内容をまとめる手段として、スマホ、タブレット端末、ノート、プリントなどがある中で、それぞれの強みを活かして使い分けていくことが必要です。どういった基準で何を選択したのかを明示することで、生徒も受け入れやすいと思います。

ＩＣＴを活用することで、授業中に実施できる活動の幅がうんと広がりました。今後も、学習に効果的なツールがどんどん登場するでしょう。特定のツールを利用することだけにこだわらず、目的と手段を明確に分けながら、最適なタイミングで最良の選択をすることが求められます。これまで手書きばかりにこだわっていた先生方も、より手書きにこだわっていただくためにも、ＩＣＴの良さにも目を向けていただきたいと思います。

もう一つ付けくわえるならば、世の中で行われているリモート研修では、スライドの内容が画面上に共有されて、資料もＰＤＦで配布されています。大人たちが便利にＩＣＴを使っているのに、生徒たちには使わせないというのは、公平とはいえませんね。

## 学校の「紙」文化の歴史をひもとく

### 印刷技術に支えられてきた学校

紙を使わずに情報をやりとりすることを、「ペーパーレス」といいます。ペーパーレスはＤＸを実現する上で最もわかりやすい変革の一つです。僕はデジタル化を進めていた頃から校内のペーパーレスを目標としてきましたが、学校という組織の中で紙という存在はなかなか減らず、プリンタや印刷機は未だに大活躍しているのが現状です。

ここで、「紙」というメディアの歴史をひもといてみたいと思います。

古代エジプト文明の頃から人類は紙を使い、文字や記号、図形や絵などを書き記してきました。中世ヨーロッパではヨハネス・グーテンベルクが「活版印刷技術」を発明し、同じ内容の文章を大量に印刷することができるようになりました。1800年代後半には「タイプライター」が登場し、活版印刷よりも手軽に印字できるようになりました。

20世紀に入るとコンピュータの開発が進み、1970年代後半には日本語対応の「ワープロ」が登場したことから、学校の先生たちもデジタルで書類を作るようになります。また、学校には欠かせない印刷機は、明治時代に開発された「ガリ版印刷機」が戦後まで使われていましたが、理想科学工業株式会社が1980年に「リソグラフ」を発売することで、ようやく製版から印刷までが自動化されました。この歴史の名残から、多くの公立学校では生徒に配布するプリントには茶色いわら半紙が使われ、PCで出力したものを印刷機で大量に複製する文化が根強く残っています（注）。

ちなみに、僕が新社会人として働き始めたのは2009年のことでしたが、提出する書類の中には紙と紙の間にカーボン紙を挟んで、複写しながら書く必要があるものがまだ残っていました。今となってはメールのCC（カーボンコピーの略）でしか見なくなったものが、学校には根強く残っているのかと当時は驚きました。ひょっとしたら現役で働く先生方の中には、ローラーでインクを塗って、服をインクで汚しながら、手作業でガリ版印刷をされてきた方もいらっしゃるかもしれません。

（注）参考文献『プロジェクトＸ　挑戦者たち　焼け跡の家族工場　世界へ～ハイテク印刷機に挑む』（ＮＨＫ「プロジェクトＸ」制作班　編・NHK出版・2005年）※現在は電子版のみ

こうして歴史を振り返ってみると、学校では昔から日常的に紙を使っていることがわかります。PCやネットがこれだけ普及した世の中であっても、学校では毎日のように生徒に大量のプリントが配られ、生徒たちはクリアファイルなどを使い整理整頓に追われます。

ここでの大切なポイントは、人類の歴史から見て、紙に情報を印刷する技術は、ほぼ完成形に達していると考えられることです。日本では多くの家庭に家庭用プリンタが置かれていますし、コンビニに行けばコピー機を使うことができます。データを紙に印刷したい、同じ内容のものを大量にコピーしたいと考えたとき、昔と比べものにならないくらい楽になりました。

印刷して紙で情報を見るメリットは、ディスプレイよりも大きな紙に印刷することで発揮できる視認性の高さです。デジタル情報は画面の大きさを超える内容を見ようとすると、表示がその分小さくなりますが、紙なら横に並べるだけで広い範囲を使って読むことができます。それに、画面と違って長時間見ていても疲れません。「いつも紙を使っているから」ではなく、コストや用途に応じて、ペーパーレスにするのか、紙に印刷するのかを判断することが必要なのです。

## コストの面から考えると…

しかし、情報を伝達することに紙を使うということをコストの面から考えてみると、コスパが全然良くないことがわかってきます。

情報を紙に印刷するという行為は、情報を「もの」に記録する行為だといえます。ここには、印刷するためのコストがかかります。いくら効率化したとはいえ、紙とインクを消費し、印刷機を動かす必要があります。そして、情報が「もの」になったので、だれかに渡すためには直接渡すか、郵送などの方法を使って送る必要が出てきます。直接渡すとなると、「ローカル＋同期」のコミュニケーションをとる必要があるため、コミュニケーションの形態の中でも最も高いコストがかかりますし、郵送するにしても費用がかかります。

「もの」である以上、人が一度に持ち運ぶ紙の量にも限界があります。紙を受け取った側は、受け取ったあとにはファイリングするなどして整理整頓し、再度閲覧するためには大量にある紙の中から探し出すというコストがかかります。

また、一度紙にしたものを再度情報に戻す際もコストがかかります。多対1でのコミュニケーションでアンケートを実施した際、回答者からの回答が記載された紙を受け取ったとします。今度はそれを集計するために、一枚一枚目を通さなければなりません。マークシートを利用することで集計作業をある程度簡略化することもできますが、回答者から紙を回収する手間は変わりません。

このように、情報を紙に印刷して「もの」にしてしまうことで、あらゆるコミュニケーションにおいてコストがかかるのです。

しかし、これまで紙を扱うのが「当たり前」であった環境で過ごしていると、このことに意外と気づかないものです。

## ハンコの存在価値

### ハンコがあることでコミュニケーションが生まれる？

ＮＨＫの番組「クローズアップ現代」（２０２０年11月5日放送）で、コロナ禍におけるハンコの今後について特集されていました（「どうなる？ ハンコ社会ニッポン」https://www.nhk.or.jp/gendai/articles/4479/）。

その番組の後半では、自治体レベルで脱ハンコが進む中、ハンコの電子化を検討しつつも難しさを感じている企業の様子が映し出されていました。社員が作成した書類には部長など上司にあたる方にハンコを押してもらう必要があり、合計５人の方からハンコを押してもらうために一人ひとりの席へ書類をもってまわっていました。インタビューでは、執行役員の方が「たくさん押してあると、りん議がまわったと、しっかり承認がとれた思いはあります。一つひとつ確認が何重にもとられるところが、やっぱりいいところですね」と答えていました。

その会社では、管理職になると専用のハンコが手渡され、重みを感じているようでした。そして、社員がハンコを押してもらうために紙の書類をもってまわることで「どう仕事は？」といったコミュニケーションが生まれ、普段はあまり接することが少ない上司からのハンコをもらうことが、社内のコミュニケーションを円滑にしているというお話でした。

新型コロナウイルスの感染拡大が広がり緊急事態宣言が発令され、学校が臨時休校になったのが

2020年3月のことなので、それから8カ月経ったときに放送された内容です。リモートワークを行うにしても、上司からハンコをもらうためには出社しなければならないという業務プロセスが問題視されていたのもこの頃です。これまで同じオフィスで働いていた人たちがそれぞれ自宅からリモートワークを行うことで、どうコミュニケーションをとったらよいのかを考える必要が出てきたわけです。

## ハンコの価値は上司の価値

ではここで、ハンコによる決済の仕組みが、コミュニケーションの形態（第1章参照）でどこに分類されるのかを考えてみます。先ほどの企業の例では、決裁者にハンコを押してもらうために、書類の作成者が紙に印刷したものをもって席をまわっていました。文書そのものはPCで入力して作成されたものですが、印刷されることで「もの」として扱われることになります。この時点で、破れたり折れ曲がったりしないように気をつけなければならなくなります。相手のいる場所まで自分の足で届ける必要があります。書類を上司に渡してその場で確認してもらい、世間話に受け答えながらハンコを押してもらうのを待ちます。もし上司が不在なら、時間や日を改めて伺います。5人からハンコを押してもらう中で、だれかが誤字脱字などを発見してしまったら、一人目からやり直しです。

あなたは、この業務フローをどう思われますか？　あまりにも効率が悪いと思われるでしょうか。

学校現場にも、文科省や教育委員会から通知文書が届き、管理職の先生のハンコが押された状態で担当の教員に届きます。書類の提出を促す通知がよく届きますが、管理職の先生が通知文書を確認することに時間がかかってしまい、教育委員会が定めた提出締め切りを過ぎた頃に担当教員に書類が届くこともしばしばあります。この惨状から、「イマドキ、紙で書類をまわすシステムのままでやっているから、仕事が全然進まないんだ。早くデジタル化して、共有フォルダ内で各々が確認したほうが絶対に効率が良い」、そんな考えに至る方も多いと思います。

ところが、話はそんなに単純ではありません。確かに書類を届けて確認するプロセスをデジタル化すれば、業務はこれまで以上に早く進むことが容易に考えられますが、書類を確認するという業務には確認以外の行動も含まれています。それが「上司と部下によるコミュニケーション」です。先ほどの企業の例でいうと、紙の書類とハンコで行っていた業務によって生じた世間話などが副産物となり、社内のコミュニケーションを円滑にしていました。紙の書類を使って対面でやりとりをすることは、「ローカル+同期」で更に「もの」という、一番コストが高く、効率が悪いことです。ですがこの高いコストを無駄にしないようにコミュニケーションが図られ、社内の雰囲気が良くなるという副産物が生まれているのです。

高いコストから生まれた副産物に対して高い価値を感じて社内で育った方々が、その志を継いで管理職をされている。そう考えると、どうしてこんなにもDXが進まないのかも納得できます。「ハンコは効率が悪い」などと否定されようものならば、自分たちが良いと信じているものを悪くいわれたと気分を害してしまうのです。だれだって、自分が好きなことや、大事にしているものを否定されたら嫌な気分になります。特に「伝統は重んじるものだ」と育てられ、長い間変化が無かった世界で暮らしてきた方にとっては、変化することは、自分自身の存在そのものを否定されることにもつながるのではないかと思うのです。

## コストがかかるほどよいという信念

恐らく、脱ハンコに対して否定的な思いをもっている方は、ハンコマニアではないはずです。ハンコを集めることが趣味だったり、ハンコを押すことに至上の喜びを感じたりするのではなく、ハンコを使った業務で生じた副産物に価値を感じているということです。そして、ハンコをなくすことで、社内のコミュニケーションが希薄になってしまい、業務に支障が出てしまうのではないかと不安になるのです。

見かけ上のコストが高くついているものに価値を感じる人たちにとって、コストがかからないことには価値を感じることができません。「コストを削減する」ことは、「価値を下げる」ことにつながるとすら考えているのです。

この考え方で判断するならば、例えば、履歴書の内容がすべて印刷だったものを目の当たりにしたとき、手書きよりも価値を低く見てしまったり、「楽をしたんだ」と受け取ったりします。プリンタに印刷させるよりも自分の手で書いたほうがコストが高く、丁寧に仕上げたと感じるので、高い価値を感じてしまうのです。

それに加えて、「自分が若い頃はもっと苦労した（だから若い人は苦労をするべきだ）」という考え方も混ざってしまって、話が余計にややこしくなってしまうのです。

## 学校における電話の現状

### 電話には出られないのが当たり前

スマホの普及により、連絡手段は少し前に比べてかなり変化してきました。企業などでは、社内・社外の連絡に Teams や Slack などのチャットツールが使われるようになり、連絡手段における新しい感覚は浸透してきているのではないでしょうか。

しかし学校現場に目を向けてみると、未だに電話という150年以上前に生まれたコミュニケーションツールに縛られています。

企業と違って教職員に連絡用のスマホが支給されるわけでもありませんし、授業中に電話に出るわけにもいきません。放課後も部活動や生徒対応をしているので、電話に出られないことは、我々教員にとっては当たり前という感覚かもしれません。しかし、電話をかけてくる方からすると、忙しい中で時間を作り、通話料を支払って電話をかけているにもかかわらず、お話ししたい先生が高い確率で不在なわけです。

教員にとって電話というのは、「離れた場所にいても話ができる」という「リモート＋同期」のメリットよりも、「いつかけてもつながらない」という「ローカル＋同期」と同じくらいのデメリットがあるのです。

## 教員に外線がかかってきた場合のやりとり

学校に外線がかかってきたときの電話のやりとりのよくある例です。
①まず、電話を事務職員さんが取ります。
②事務職員さんが目当ての先生が所属する学年（職員室）の電話に転送します。
③それを、電話が鳴ったときに近くにいる先生が取り、事務職員さんから要件を伺います。
④そのとき、電話をかけてきた人が通話を希望している相手が自分だったら事務職員さんに受話器をおろしてもらい、外線をつないでもらいますが、自分以外の先生だった場合は、辺りを見渡して不在かどうかを確かめて、遠くにいる場合は大声で呼びます。
⑤ここで目当ての先生が不在であれば、不在であることを事務職員さんに伝えるだけで受話器を置くことができますが、ほとんどの場合、事務職員さんがそのあとに伺った内容を職員室にいる先生に伝えるために、再度、職員室の電話が鳴ります。
⑥電話を取った先生が、今度は伝言を聞き取るためにメモを取ります。

この光景を目の当たりにすると、電話というコミュニケーションツールが、学校現場においていかに効率が悪いかがわかります。作業に集中したいと思ったとき、電話が近くにない場所をあえて選んで仕事をしたくもなります。

電話は人の時間を突然に奪う

そういえば、携帯電話が普及した頃、周囲がこぞって携帯電話を契約しているのに、自分は持たないという考え方の人が少なからずいました。その人たちが携帯電話を持ち歩きたくない理由は、「自分の時間が奪われるから」です。出かけていても、用事の途中でも、電話がかかってきたら出なければならず、休まる気がしないという感覚があったのです。しかし、当の本人が携帯電話不携帯主義を貫いたことで困るのは、周囲の人たちでした。その人と連絡を取りたくてもなかなかつながらないからです。

そんな時代を経て、携帯電話はスマホへと進化し、音声通話だけでなくインターネットが利用できるようになりました。電話の「リモート＋同期」だけでなく、メールやLINEなどの「リモート＋非同期」のやりとりができるようになったのです。

このことで、コミュニケーション形態への価値観も変わってきたように思います。これまで「ローカル＋同期」よりも移動コストが低いとされてきた「リモート＋同期」は、「リモート＋非同期」と比べると時間を同期するためにコストがかかると認識されてしまい、相対的にコストが高くなってしまったのです。「リモート＋非同期」でのやりとりが日常となった今、「リモート＋同期」に分類される電話というツールは、かける側からしたら気軽に利用できる一方で、受ける側からすると突然電話が鳴って、自分の時間を奪われる存在になってしまったのです。

電話というのはいつも、いきなりかかってきます。しかも、社会人のマナーとしては早く出ないと失礼にあたるとされているので、心の準備をする間もありません。

## LINEでよい場合も

部活動の主顧問をしていると、大会の組み合わせ会議などで他校の先生と知り合って仲良くなり、携帯電話の番号やLINEを交換して練習試合の連絡などを行うようになることがあります。これなら、わざわざ学校から学校に電話をしなくても、簡単にコミュニケーションを取ることができます。

僕もかつて、バスケ部の主顧問をしていたとき、練習試合を組むためにお昼休みの間に前任の顧問の先生が残してくださった電話番号のリストを頼りに、片っ端から電話をかけ続けたことがあります。電話をかける時間帯は、お昼を狙いました。県大会の常連校で顧問をされている先生は、部活の時間帯には絶対に職員室にはいないからです。

今では、部活動の連絡も、電話よりコストがかからないテキストでのやり取りのほうが、ずっと手軽で効率的だと思っています。相手がスマホを見ていないタイミングでもメッセージを送ることができますし、一度友達として登録しておけば、「手紙を送る」というより「話しかける」感覚でメッセージを送信できるようになります。しかも、LINEは音声通話もできるため、リアルタイムでメッセージをやり取りしているうちに必要が生じれば通話を始めることもできるのです。

相手も今この瞬間にスマホを見ていることが、既読がつくことで把握できれば、いっそ音声通話をかけてもいいかもしれないと思えてきます。

## LINEで生まれた新たな感覚

### LINEの「トーク」は同期？

インターネットが普及したことで、多くの人がメールやLINEなどの「リモート＋非同期」のコミュニケーションを取ることができるようになりました。しかし、テクノロジーが進化しすぎて、「リモート＋非同期」のはずなのに、まるで同期のようにやり取りを行う例が出てくるようになりました。スマホによって培われた新しい世代の感覚です。

例えば、LINEのメッセージ機能には「トーク」という名前がつけられています。トークとは「会話」という意味ですが、LINEではテキストチャットを「トーク」、声で会話する機能を「通話」と表現しています。本来ならLINEのメッセージ機能は「リモート＋非同期」に分類されますが、まるで電話のように「リモート＋同期」を連想させるような名前がつけられているのです。

本来は、非同期であれば、メッセージを送る時間も、それを受け取った側が読む時間も、返信するタイミングもあえて同期させなくてもよいはずですが、「トーク」と表現され、会話の吹き出しのようなデザインでメッセージが表示されると、まるで同期だと勘違いしそうになります。さらに、メッセージを読んだことを相手に知らせる「既読」マークも、その心理に拍車をかけているように思えます。若い世代がＤＸを熱望するのは、この感覚が日常だからです。

### 既読がついても返事が来ない場合がある

SNSなどを通した文字のやりとりで重要なのは、「リモート＋非同期」のコミュニケーションであると認識しておくということです。リモートだからこそ、遠く離れた場所にいながらも、いつでもどこでもやり取りが実現できます。しかし、非同期なんですから、既読がついたとしても、相手がすぐに返信をしてくるとは限りません。非同期のコミュニケーションを、まるで同期しているかのように扱っていると、同期と同じような感覚に慣れてしまうものです。ですが、LINEなどのSNSの分類はあくまでも「リモート＋非同期」です。この分類を認識しておくことは、スマホでのコミュニケーションの仕方の大事な点であり、トラブルの予防にもつながると僕は考えています。

## 誤解を解いてリスペクトを

ここまで、いくつかの学校に根づく非ICT文化を見てきました。ICTの活用に抵抗がある人たちの思いも少し理解できたのではないでしょうか。

「では考えを改めて、うちの学校の先生たちはみんなICTにアレルギーがあるから、その人たちをリスペクトして、紙と電話を大切にします」これでよいのでしょうか。

僕は、リスペクトすべき部分が違うと思います。リスペクトすべき部分は、ICTの活用を嫌う部分ではなく、その人が大切にしている「コミュニケーションにかけるコスト」です。

第1章に書いた通り、「ローカル＋同期」→「リモート＋同期」→「リモート＋非同期」と変化するにつれて、コミュニケーションに必要なコストが下がっていきました。ICTの活用に抵抗がある人は、ここのコストを削減することで、人としての温かみを感じなくなるのではないかという懸念があるのです。人と人とのつながりを大切にしているからこそ、コミュニケーションには惜しまずにコストをかけるべきだと考えているわけです。

経験豊富で、だれよりも多くの生徒と向き合ってきた、ベテランの域に達しているからこそ辿り着いた境地。それにもかかわらず、リスペクトされるべき部分がICTによって否定されたと感じてしまえば、だれだって新しいことに反発したくもなります。

でもこれは、大きな誤解です。ICTは、ベテランの先生方が危惧しているような、すべてのコミュニケーションのコストをカットすることが目的ではありません。メリハリをつけて仕事をして、本当に必要なコミュニケーションに限りある時間を使うための手段です。雑務に追われて、生徒たちや保護者とコミュニケーションをとる余裕がない。そんな学校現場に残っている多くの手作業を自動化して、ベテランの先生方の手腕を思う存分発揮できる土台をつくる。それが学校DXです。

ICTがベテラン教員を置いてきぼりにする。そんな誤解が解けて初めて、DX導入のスタートラインに立つことができます。

僕が願っているのは、経験豊富なベテランの先生方がICTを自分自身の手足のように使い倒すことです。これまで蓄積されてきたスキルの引き出しの多さに、最先端が加われば無敵です。その土台をつくり支えることがDXであり、それを推進することがICT担当者としての使命なのです。

# 「学校DX物語」年表

| 年 | 月 | 魚住・勤務校の動き | 世の中の動き |
| --- | --- | --- | --- |
| 2019年 | 9月 | （魚住）新聞スクラップのやり方について、学年でひんしゅくを買う | |
| | 12月 | （教員）一人一台タブレット端末とMicrosoft アカウントが配備される<br>（魚住）教員が利用できる共有フォルダを独自に準備 | 新型コロナウイルスが中国・武漢で発生 |
| 2020年 | 3月 | （勤務校）臨時休校になるが、ICTの活用はほぼ皆無 | 緊急事態宣言発令。全国の多くの学校が臨時休校。 |
| | 5月 | （勤務校）分散登校が始まり、少しずつ対面授業が復活する<br>（魚住）著書『教師の iPad 仕事術』発売 | 11日、文科省の Youtube チャンネル「GIGA スクール」chにて学校の情報環境整備に関する説明会【LIVE 配信】が配信される |
| | 6月 | （生徒）ロイロノート・スクールが導入され、情報の授業で生徒用アカウントを配布 | |
| | 7月 | （教員）一部の先生方がロイロノートを活用し始める<br>（魚住）メディアで著書が紹介され、取材が増える<br>（魚住）授業中のスマホ活用について管理職より叱責を受ける | 「GoTo トラベル」キャンペーン開始 |
| | 12月 | （生徒）80台のタブレット端末が先行配備 | |
| 2021年 | 3月 | （県内研究指定校）生徒一人一台タブレット端末が配備される | |
| | 4月 | （勤務校）Microsoft Teams が導入される | |
| | 5月 | （教員）所属学年で Teams を活用し始める | |
| | 6月 | （教員）学校全体で Teams 活用が実現する | |

| | | | |
|---|---|---|---|
| | | (魚住) 職員会議の電子化を提案して失敗<br>(教員) 職員会議の電子化が実現する | |
| | 8月 | | 東京五輪・パラリンピック開幕 |
| | 9月 | (勤務校) 3日間ある学校祭が、体育祭のみの実施に変更される<br>(生徒) デジタル体温記録の実施 | |
| | 10月 | (魚住) 遅刻欠席早退連絡フォームを提案して失敗 | 岸田内閣発足 |
| | 12月 | (勤務校) 遅刻欠席早退連絡フォーム化が実現する | オミクロン株の流行 |
| 2022年 | 1月 | (生徒) 県知事が臨時記者会見で、すべての県立高校の生徒に一人一台タブレットを配備すると発表 | |
| | 2月 | | ロシア軍、ウクライナ侵攻<br>北京冬季五輪・パラリンピック開幕 |
| | 4月 | | 高等学校新学習指導要領の実施 |
| | 7月 | (生徒) 夏休みにタブレット端末本体やACアダプタ、スタイラスペンが納品される | 安倍元首相、銃撃され死亡 |
| | 9月 | (生徒) 修学旅行でスマホが解禁される<br>(生徒) 校則が改訂され、授業でのスマホの活用が認められる | |
| | 10月 | (生徒) 生徒指導部からタブレット端末の運用についてストップがかかる | |
| | 11月 | (生徒) タブレット端末の準備再開～設定完了 | |
| 2023年 | 2月 | | トルコ・シリアでM7．8の地震 |
| | 3月 | | WBCで侍ジャパン、世界一 |
| | 4月 | (魚住) 高校3年生の担任を任される | |
| | 6月 | (魚住) 本書発売 | |

【参考文献紹介】

新型コロナウイルスが学校現場で明らかにしたもの。それは、出る杭をこれでもかと思うほど打つ、新しいことへの抵抗感でした。子どもたちには「新しいことにどんどんチャレンジしていこう!」とかいっておきながら、自分たちの理解を超えたら全否定する、醜い大人たちの姿でした。

この3年間を振り返る中で、少しだけ参考になった本を紹介します。

● 『なぜ人と組織は変われないのか――ハーバード流 自己変革の理論と実践』

（ロバート・キーガン、リサ・ラスコウ・レイヒー著・池村千秋訳・英知出版・2013年）

この本では、新しい試みにチャレンジしていく組織を実現するためのワークショップの内容が紹介されていました。新しいことにチャレンジしたい!と表向きには明言しておきながら、どうして肝心なときに阻んでしまうのか。その恐怖心の核心に迫る内容でした。ただどちらかというと、部下からの進言に対して否定してしまう管理職の心を変えるための本だったので、「本を読むべき人ほど、本をなかなか読まない」というよくある話だと感じました。

しかし、この本で紹介されていた、人が直面する2つの課題については参考になったので、紹介します。

リーダーシップ論の研究者であるロナルド・ハイフェッツ氏は、人が直面する課題として「技術的な課題」と「適応を要する課題」の2種類を提唱していました。新しい取り組みを実践する際には、この2種類に分類される課題が出るというお話です。

「技術的な課題」というのは、技術が原因で実現が困難だという課題です。GIGAスクール構想でいうと、生徒用の端末やWi-Fi回線などのことです。回線の快適さや電波のつながる場所など、まだまだ課題が残されているものの、多くの自治体でこの課題が解決に向かっていると思います。

それよりも僕が問題視しているのは、もう一つの「適応を要する課題」です。技術的な課題が解決できたとしても、人の気持ちが追いついてこなければ、その課題は解決できません。新しいことを始めるとき、その内容が、だれも経験しなかったことになると、適応するのに時間がかかります。なかなか受けつけられない人は、「今そんなことをいわれても困る！」と反応することもあります。中には「そんなこと聞いてないよ！」と反応する人もいます。どのタイミングで話しても「聞いてないよ！」と返されると、「じゃあ、いついえばいいんだ！」といいたくもなります。

僕はＤＸを進めてみて、この課題の解決方法は、時間をかけることだと思うようになりました。新しいことをいきなり提案するのではなく、事前に何度も何度も相談を繰り返していくことで実現した事例がほとんどでした。「今いわれても困る！」と思われるよりも早く相談して、何度もアピールすれば、「そんなこと聞いてないよ！」を防ぐことにもつながります。たとえ最初の相談では判断を避けられたとしても、諦めずに何度も相談することでこちらの熱意も伝わり、2回目以降は相手にとって初めて聞く話ではなくなるので、自分なりの意見を準備してくださる可能性もあります。

そう思うと、宇宙兄弟の主人公・南波六太が「連れていくしかない」という答えに至ったのも頷けます。まずは新しいものを見せて、それから徐々に対話を続けていく。この順番で進めていくことで勤務校のＤＸでの「適応を要する課題」を解決することできました。

●『**キャズム**』（ジェフリー・ムーア著・川又政治訳・翔泳社・２００２年）

ネットでは「キャズム理論」という名前で知られている、ハイテク・マーケティングの基本について書かれている本です。

この本では、新しいハイテク製品が登場したときの行動で、いち早く購入する人たちをイノベーター、早い時期に購入するが技術志向ではない人たちをアーリー・アドプター、実用性を重んずる人たちをアーリー・マジョリティー、使うことに多少抵抗を感じる人たちをレイト・マジョリティー、新しいハイテク製品に見向きもしない人たちをラガードと、5つに分類しました。この本の言葉を借りると、イノベーターは「ハイテクオタク」、アーリーアドプターは「ビジョン先行」派、アーリーマジョリティーは「価格と品質重視」派、レイトマジョリティーは「みんな使ってるから」派、ラガードは「ハイテク嫌い」です。

タイトルである「キャズム」とは、2番目のアーリーアドプターと3番目のアーリーマジョリティーの間にある落とし穴のことを指していて、ハイテク製品が一部のマニアの間だけでなく多くの人たちに使ってもらえるにはどうマーケティングすればよいかを考える内容の本でした。

スマホに例えると、わかりやすいと思います。日本でスマホが発売された当時は、まだ一部のマニアが買うだけの存在でした。すでにガラケーを使いこなしている多くの日本人がiPhoneを見たとき、「カメラの性能も低いし、数字のボタンがないから使いづらそうだ」という印象をもちました。また、あのLINEも、リリース当初はサイトやアプリの画面に広告を配信していました。しかし、それから多くのアプリが開発されて若者の間に広がり、初めて買ってもらった携帯電話がスマホという世代が登場しました。そして2023年現在では、一見ガラケーの形をしている携帯電話でも、中身がAndroidというスマホと同じOSが搭載されるようにもなりました。スマホなんて必要ない、電話とメールだけで十分だと思ってガラケーを使っているつもりでも、実は中身がスマホという状態になりつつあるのです。キャズム理論でいうと、レイトマジョリティーやラガードに分類されるような人たちが、スマホを使うようになったということです。

僕が注目したのは、レイトマジョリティーやラガードに分類される人たちへの対応方法でした。公立の学校では、年齢が上がるとともに組織上の上位の肩書きに変わっていき、発言力が増す傾向があります。大変悲しいことに、僕がこれまで見てきた限りでは、年齢が高ければ高いほどキャズム理論上のラガードに分類されてしまう方が多くいらっしゃいました。そして学校組織では足並みを揃えることが何よりも重要視されてきたので、少数派ではあるものの、発言力の高い一部のラガードに分類された先生方による反対意見によって、ハイテク技術を使った試みがなかなか実現しませんでした。

そこで、僕が徹底したのは、アフターサービスでした。同じ質問にも何度も答えて、相手がわからないものは代わりに検索して調べて、とにかく新しいことに不安な人たちに寄り添うことに力を注ぎました。人間だれしも、わからないことや知らないことは恐怖を覚えて不安になるものです。ＩＣＴと聞くだけで拒絶反応が出るような人たちには寄り添って、少しでも安心してもらうことを目指しました。

# あとがき

本書を最後までお読みいただき、ありがとうございました。この本は、ＤＸを進めたいと思っている先生方を励ましたくて、あまり書きたくないような過去も包み隠さず書きました。

ＤＸを進めたいけど認めてもらえなかった、出る杭として打たれた。全否定された。ひょっとしたら似たような境遇の先生が全国に多くいらっしゃるんじゃないかと考え、理論も含めて書きました。

ただし一方で、読者の方には理論武装して相手を論破するのではなく、改革を進めながら協調性も大切にしていただきたいと思っています。反対意見をもつ方といがみ合ってるだけでは、お互いに不幸なことです。それに、愚痴をいうだけでは学校は変わりません。学校でＤＸを本気で実現したいのなら、反対意見をもつ先生の気持ちの理解も大切です。反対だと思う気持ちの根っこを知る必要があります。僕は年齢的に、紙やハンコを大切にしてきた世代と、スマホを使うのが当然の世代の、ちょうど間にいます。どちらの言い分もわかるのです。そんな中でバランスを大切にしながら、でもＤＸを確実に推進していく。相手の考えを知り、理解すれば、それができると思います。

２０２１年のユーキャン新語・流行語大賞のトップテンに「親ガチャ」という言葉が選出されていました。「生まれてくる子どもは親を選べない」ということをスマホゲームで当たりはずれのある「ガチャ」に例えたネットスラングです。

こうした運の要素が強いものに「ガチャ」と付け加えるだけで、「管理職ガチャ」、「担任ガチャ」など、さまざまな表現に応用できます。

この表現には「運悪くガチャにはずれてしまったのだから、諦めよう」というニュアンスも含まれているのではないかと思います。リセットができて最初からやり直すことができるゲームなどでは、早いうちに諦めて次に移ったほうが正解なのかもしれません。

しかし、現実はそうはいきません。今の自分が置かれた状況がどれだけ悪かったとしても、ゲームのようにリセットすることは不可能です。

ではもし自分が、そんな逆境とも呼べる環境に身を置くことになってしまったら、どう行動すればよいのでしょうか。

序章で妻がいっていたように、自分の考えと管理職の先生の意見が合わない場合、波風を立てずに世代交代を待つことが無難なのかもしれません。

ですが、国を挙げて取り組んでいる政策に後ろ向きな学校で働くことそれ自体に、僕は我慢ができませんでした。たった3年で卒業していってしまう目の前の子どもたちの未来を考えると、「管理職ガチャ」なんて悠長なことはいっていられなかったのです。

かといって、否定的な意見を論破したところで、相手の考え方が即座に変わることはありません。いくら正論を並べたとしても、それが屁理屈だと思われてしまえば、受け入れてもらえなくなります。

逆境にさらされたとき、僕は「勝つ」ためではなく、「負けない」ための行動を選びました。そもそも同じ職場で働く同僚の先生方を敵だと思うのも失礼ですし、勝ち誇りたいわけでもありません。負けないために、ついてきてくださった仲間とともに、自分が正しいと思うことを信じました。

この場を借りて、２０２３年の勤務校の様子を少しだけお話しします。

２０２０年に管理職をされていた先生方は全員、ご異動・ご退職されました。

Forms を使った体温の記録については、２０２３年に入ってからは毎日必ず強制するのではなく、感染状況を鑑みて臨機応変に対応するようになりました。今所属している学年では、仕事の内容に応じて必要性を考えて行動しています。ＤＸの推進を中心的に進めてきた学年団ですが、デジタルに固執したりせず、アナログのほうが効率が良ければ、紙を選択することもあります。慣例にとらわれず、目的思考を意識して意思決定をしています。

新転任の先生方は、２・３年生がタブレット端末で Teams やロイロノートを当たり前のように使いこなしている光景を見て、驚いている様子でした。これも、タブレット端末を少しでも活用しようと協力してくれた先生方のおかげだと思っています。

廊下を歩いていても、保管庫の中が空になっているのをよく見るようになりました。授業で活用してくださっている証です。まさかこんな光景が見られるなんて、3年前には想像すらできませんでした。自分がやってきたことは、間違いじゃなかったんだ。今になって、実感が湧いてきました。

また、勤務校から異動された先生と再会するたびに、こんなことをよく耳にしました。

「新しい学校は、職員会議の資料が紙だった」

「ロイロノートのアカウントが配られていなかった。今更、黒板とプリントの授業になんて戻れない」

「遅刻欠席の連絡が、電話だけだった……」

本書で紹介した学校DXの事例は、すで報告されている実践と比べると、やっていること自体は大したことないと自分では思っていました。

それでも、勤務校から異動された先生方が「魚住先生がいるから、この学校は最先端なんだよ」と口を揃えていうのです。

技術的には大したことをやってないのになと思うのですが、多くの先生方から感謝されることで、大きな一歩を踏み出したんだとこのとき実感しました。

そして、2023年4月、僕は高校3年生の担任を任されることになりました。これまでの学年での働きを評価していただけたのだと思っています。

今回紹介した内容で、勤務校の学校DX物語が終わったわけではありません。むしろその逆で、ようやく学校DXのスタートラインに立つことができたと思っています。こうしている間にも、多くのアプリやサービスがリリースされて、授業改善に取り組まれている先生方が全国にいらっしゃいます。僕自身が変革の起爆剤になることもありますが、経験豊富な先生方が、新しいことに挑戦したいと思ったときに、存分にチャレンジできる環境を、これからも整備していきたいと思います。

今回の学校ＤＸは、僕の考えを理解して、想いを共にして、同じ方向を向いてくださる、仲間の存在があったからこそ実現しました。

新しいアプリやサービスを導入するとき、情報推進部主任の市川正規先生に提案すると、「いいですよ。やりましょう！」と、いつも二つ返事で受け入れてくださいました。

かつて所属していた学年から、僕を自分の学年に引き抜いてくださった学年主任の髙羽亜紀先生、ロイロノートやTeamsに教育の未来を感じて一緒に広めてくださった橋本宏恵先生。お二人が僕の考えに共感し、認めてくださったおかげで、校内のＤＸが進みました。

２０２０年からの3年間は、かけがえのない仲間に巡り合い、未来の学校に向けてみんなで歩んだ3年間でした。大切な仲間と呼ぶべき先生方が側にいてくれたからこそ、新しい試みにチャレンジできました。本当にありがとうございました。

そして、『教師の iPad 仕事術』に続いて本書を編集してくださった戸田幸子さんのおかげで、上辺だけの仕事術に留まらない現場のリアルを、世に出すことができました。この場を借りて改めて感謝申し上げます。

最後に、一時的に職場に復帰しながらも執筆のために協力してくれて、第二子出産という大仕事を成し遂げてくれた妻にも、最大限の感謝を。

2023年4月　魚住　惇

**魚住 惇**（うおずみ・じゅん）
1986年愛知県春日井市生まれ。日本福祉大学を卒業後、期限付任用講師、非常勤講師、塾講師を経て2015年より愛知県立高等学校の情報科教諭となる。iPadとHHKBが大好き。iPadはProモデルを毎年買い替える。趣味は珈琲と読書とサーバーいじり。WordPressの勉強として大学時代から書き続けているブログ「さおとめらいふ（https://jun3010.me）」は15年目を迎え、2021年からはNewsletter「こだわりらいふ」を毎週水曜日に配信している。講演・執筆依頼はメール jun3010me@gmail.com まで。

＊本書に掲載されている商品またはサービスなどの名称は、各社の商標または登録商標です。
＊本文内の商品名・バージョン及び価格は、2023年3月現在のものです。
＊本書についてのお問い合わせはメール info@gakuji.co.jp まで。

逆境に負けない 学校《がっこう》DX物語《ものがたり》

2023年6月21日 初版第1刷 発行

著　者　魚住 惇
発行者　安部英行
発行所　学事出版株式会社　〒101-0051 東京都千代田区神田神保町1-2-5
電話 03-3518-9655（代表） https://www.gakuji.co.jp

編集担当 戸田幸子　装丁・本文デザイン 高橋洋一　イラスト 野田晴華
編集協力 酒井昌子　組版・印刷・製本 精文堂印刷株式会社

 ISBN 978-4-7619-2930-5 C3037